EAMES DESIGN CHARLES & RAY EAMES

DESIGN Q&A

答える人：チャールズ・イームズ
聞く人　：ヨランド・アミック（パリ装飾美術館）
和文訳　：小池一子

Q. イームズさん、あなたはデザインをどう定義なさいますか？
A. 望む目的に最も良くかなうように、必要な要素を組みたてる計画がデザインです。

Q. デザインはアートの表現のひとつですか？
A. デザインは目的を表現することです。後で、（うまくいったら）アートと判定されることもあるでしょう。

Q. デザインは工業的な目的のための、クラフトでしょうか？
A. いいえ。でも、デザインが工業的な問題の解決策になることがあります。

Q. デザインにとっての、限界とは何でしょうか？
A. 問題にとって、限界があるものでしょうか。

Q. デザインは、環境の一部だけに関わる仕事なのでしょうか？
A. いいえ。

Q. では、一般的な表現の中の一方法論でしょうか？
A. いいえ。行動の方法論です。

Q. デザインは個人の創造行為でしょうか？
A. いいえ。実のところ、誰もが自分の先を行った人たちからの影響を認めているはずです。

Q. 集団による創作は？
A. よく行われています。

Q. デザインに倫理はありますか？
A. デザインには常に制約があり、それが倫理を示唆しているのです。

Q. デザインとは、役に立つ製品ということもできますか？
A. ええ。その有用さが非常に目立たないものだとしても。

Q. 楽しみだけのためのモノ創りに賛同できますか？
A. 楽しみが有用ではない、なんて言えないでしょう。

Q. 形態は機能の分析から生み出されるべきでしょうか？
A. そこで危険なのは、分析が不十分だったら、ということです。

005

Q. コンピューターはデザイナーの代わりになり得ますか?
A. たぶん、特別の場合は。
　でもコンピューターはデザイナーの補佐役であるのが通常です。

Q. デザインは工業生産を意味しますか?
A. かならずしもそうではありません。

Q. デザインは新しい技法で古いモノを整形するのに使われますね。
A. それがデザインの抱える問題の一つなのです。

Q. デザインは現存のモデルをより魅力的にしようといった修正策に使われますね。
A. そのようには、デザインを考えていません。

Q. デザインは産業の政策の一つでしょうか?
A. デザインの制約が倫理を内包し、
　そして産業側の政策に倫理的な方針が含まれているなら、答えはイエスです。

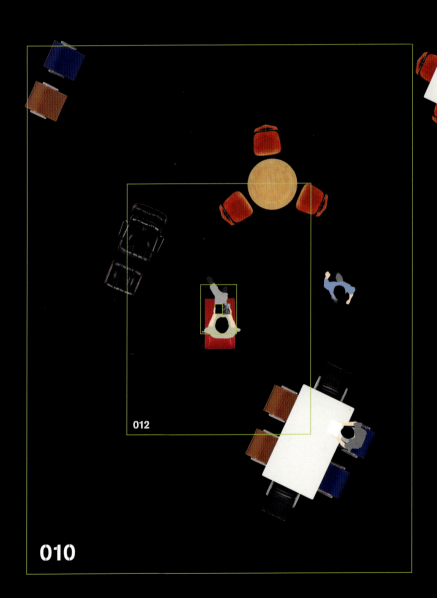

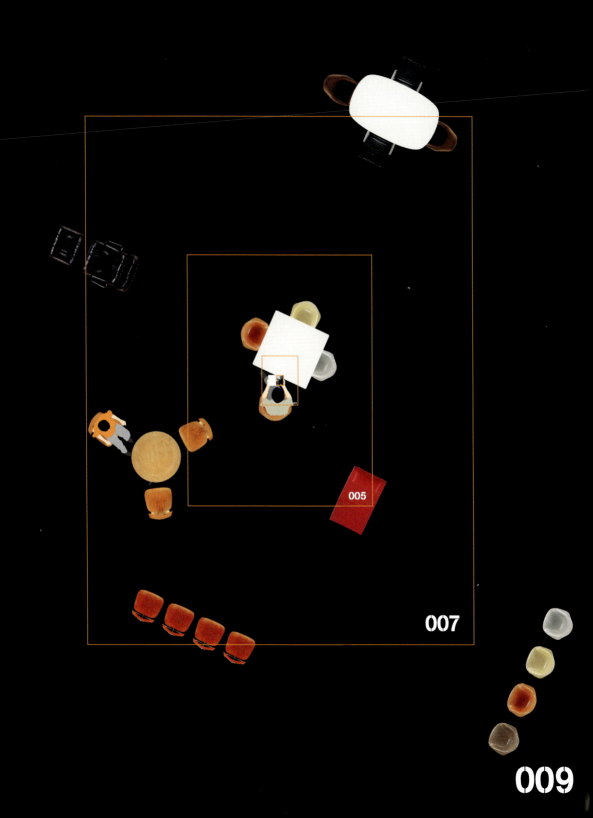

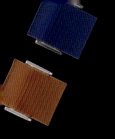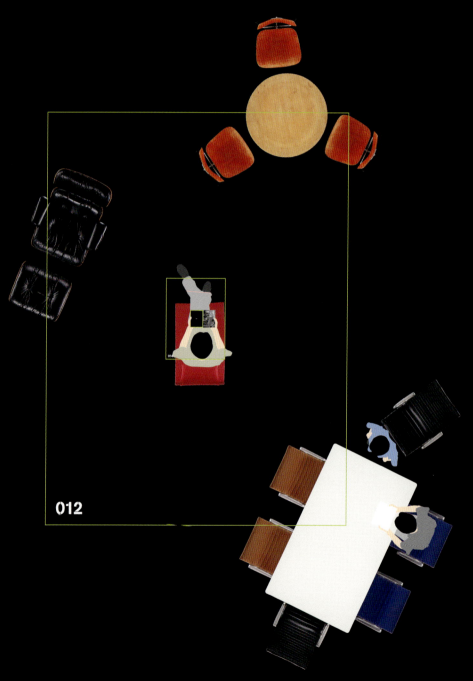

012

010

Q. デザインの創造は制約を受けいれますか?
A. デザインが制約に負うところは大きいと思います。

Q. どのような制約?
A. およそ制約とみなされるものすべて。
デザイン上の問題解決に有効なカギもここにあります。
デザイナーは出来る限り多くの制約を認識する能力を備えるべきだし、
それらの制約に喜んで、また熱意をもって当たる、といったことです。
制約は、価格、サイズ、強度、バランス、表面処理、
時間などなどキリなくありますね。

Q. デザインは法則に従いますか?
A. 制約だけで十分でしょう。

Q. デザインには潮流とか、流派といったものがありますか?
A. ええ、でもそういうことは理想よりも人間の限度との関係が強いと思います。

Q. デザインの命は儚いものでしょうか?
A. 必要性というものが短命なのです。デザインはほとんどが短命ですね。

Q. デザインの生命は短いものか、恒久的なものか、どうあるべきなのでしょうか?
A. デザインと必要性に質の高さが備わっていれば、より恒久性に近づくでしょう。

Q. あなた御自身を、装飾家、インテリア・アーキテクト、
スタイリストなどの何れかとすると?
A. そういうことはしません。

Q. デザインが対象とするのは誰?
最大多数の人々か、専門家か、啓蒙された素人か、または特権的な階級か。
A. デザインは、必要とする人に向けて発信されています。

Q. これまでお答え頂きましたが、イームズさんはデザインという専門職を満足のいく、
または最高の条件の中で行うことができたと感じていらっしゃいますか?
A. ええ。

Q. 妥協を迫られたことはありますか?
A. それがまるで、私の記憶にないのです。でも私は制約を喜んで受けいれてきました。

Q. デザインの研鑽と普及にとって、最重要の条件は何でしょうか?
A. 必要を認識することです。

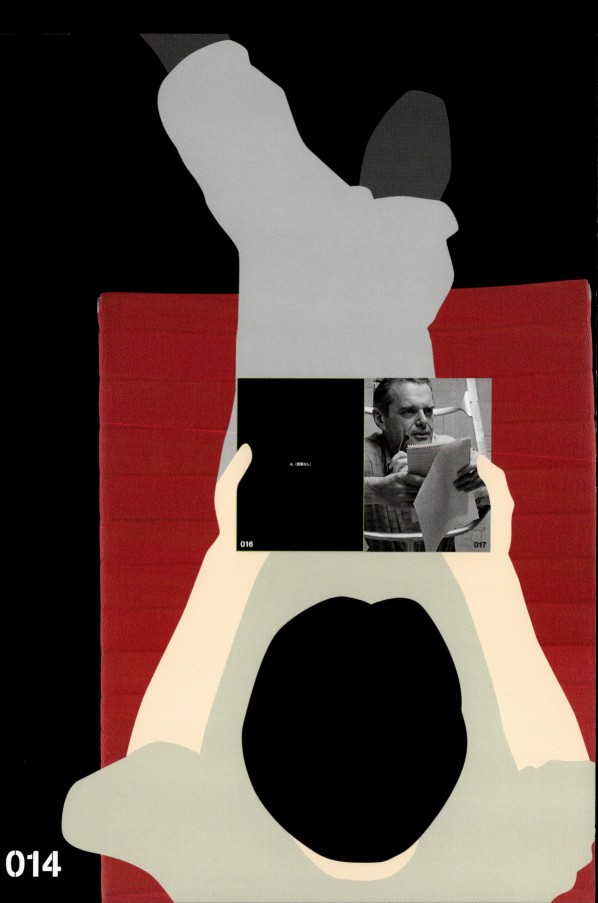

Q. デザインの未来は？

A.（回答なし）

EAMES DESIGN
Acknowledgments

謝辞 Acknowledgments

イームズ・デザイン展および本コンセプト・ブックの実現にあたり、ルシア・イームズ氏とイームズ・ギャラリー、ストア、eamesoffice.comのご理解とご協力をいただきましたこと、またイームズ・デミトリアス氏による『イームズ・プライマー』を参照させて頂きましたこと、ここに厚くお礼を申し上げます。
さらに貴重な所蔵品をご出品下さいました各所蔵家、ならびに本展にご後援、ご協賛、ご協力下さいました関係各位に心よりお礼を申し上げます。

We wish to acknowledge the generous cooperation of Mrs. Lucia Eames, Eames Gallery and Store and eamesoffice.com in the creation of this exhibit. We are also grateful for access to the manuscript of *An Eames Primer* by Mr. Eames Demetrios (eamesdemetrios.com). We would like to express our sincere thanks to each lender, sponsor, and supporter who generously gave us this opportunity to realize the exhibition and the concept book of EAMES DESIGN.

各所蔵家の方々　Each lender

ジョン&マリリン・ニューハート　John and Marilyn Neuhart

柏木博　Hiroshi Kashiwagi
千宗室　Soshitsu Sen XV
降旗千賀子　Chikako Furihata
松本哲夫　Tetsuo Matsumoto
柳宗理　Sori Yanagi
米山佳子　Yoshiko Yoneyama
渡辺力　Riki Watanabe

（敬称略）

EAMES DESIGN
Preface

序文　Preface

チャールズ&レイ・イームズ（1907-1978／1912-1988）は20世紀を代表するデザインを数多く残しています。

1940年に出会った若き建築家と画家は、その後イームズ・オフィスを設立し、多くの才能あるスタッフに囲まれながら、さまざまな分野で革新的な作品を作り出しました。彼らが作り出すものに共通するのは、そのどれもがイームズ夫妻を取り巻く世界、ひいては全宇宙への称賛の精神を文脈としてデザインが生まれているということです。

ある時はその中の小さな点として、またある時はその中の大きな点として、自らをとらえてきた彼らは、人間と建築物の間に位置する椅子を、歴史と現在を結ぶ展覧会を、虚構と現実を行き来する映画を、また同じように作り出してきました。それらは決して一瞬のひらめきから生まれたのではなく、自らに課した厳密な規律と研究から創造されたと言えるでしょう。こうしたチャールズとレイの理念は、イームズ・デザインの強さと美しさへと結実しました。

イームズさん、あなたはデザインをどう定義なさいますか？
── 望む目的にもっとも良くかなうように、必要な要素を組み立てる計画がデザインです。

イームズ・デザイン展ならびに本コンセプトブックは、あまりにも広大なイームズ夫妻の世界を紹介するにあたって、まず実際に製造され、多くの人に親しまれたプロダクツの全貌を、そしてその生涯をとおして行ってきた多様なデザインワークをご紹介することを基本構想として企画されました。チャールズとレイのふたつの才能が結びついて生み出された世界が、みなさんそれぞれに新しい世界を開いていくであろうことを願います。

目次 Table of Contents

Design Q & A／小池一子訳　　002
Design Q & A / Translated by Kazuko Koike

謝辞　　019
Acknowledgments

序文　　021
Preface

1　チャールズとレイ ― 出会いへの日々　　025
Charles and Ray: The Days Before They Met

1-1　若い頃の創作 ― クランブルック時代
Early Creative Efforts / The Cranbrook Years

1-2　MoMA「オーガニック家具デザインコンペ」でのデビュー
Debut at the MoMA *Organic Design* Competition

1-3　合板チェアの実験
Plywood Chair Experiments

2　テクノロジー ― 戦争から生活へ　　041
Technology: From War to Lifestyle

2-1　戦争から生まれた合板のテクニック
Plywood Technology from the War Effort

2-2　雑誌『アーツ＆アーキテクチャー』
Arts & Architecture

2-3　生活に応用された合板
Plywood for Living

2-4　ハーマンミラー社との出会い ― 40年代のプロダクト
Enter Herman Miller / '40s Products

2-5　再びMoMAのコンペ ― ローコストの家具デザイン
MoMA Again—The *Low-cost Furniture Design* Competition

2-6　グッドデザインの原点
"Good Design" for Modern Living

3　新時代を語りつづける建築　　097
Architecture That Stays New

3-1　イームズ邸
The Eames House

コラム「[イームズ邸]の特異性」／伊東豊雄
Essay — *The Eames House : A Unique Vision in Architecture*
By Toyo Ito

3-2　イームズのローコスト建築
Eames Low-cost Housing

4　永遠に愛される家具　　115
Furniture: Enduring Favorites

4-1　1950年代のプロダクト
'50s Products

4-2　1960年以降のプロダクト
Products of the '60s and Later

4-3　ハーマンミラー社との歩み
Progress with Herman Miller

5　遊びのデザイン　　169
Design at Play

コラム「How to Play ― 遊びかた（チャールズ＆レイ・イームズが生涯忘れなかったこと）」― ジェニファー・シグラー／岩本正恵訳
Essay — *How To Play (What Charles and Ray Eames Never Unlearned)* / By Jennifer Sigler, Translated by Masae Iwamoto

6 コミュニケーションのデザイン ― 映画と展覧会の冒険　183
Communication Design: Experiments in Films and Exhibitions

6-1 映画―遊び、教育、椅子
Film as Visual Exploration of Ideas

6-2 ［パワーズ・オブ・テン］についての小考察
イームズ・デミトリアス
Some Thoughts on *Powers of Ten*
By Eames Demetrios

6-3 企業文化のパイオニア
Corporate Culture Pioneers ― Linking Industry and Society

コラム「イームズとIBM」
Essay ― *Eames and IBM*

6-4 世界で行われた展覧会
Worldwide Exhibitions

コラム「見るものの創造意欲を駆り立てるイームズの作品」／坂根厳夫
Essay ― *Eames Works : Inspirer for Creative Efforts*
By Itsuo Sakane

7 語り継がれるもの　217
The Eames Legacy: Their Works Lives On

英訳：アルフレッド・バーンバウム
English translation by Alfred Birnbaum

EAMES ARCHIVE

チャールズ・イームズとの対話 ― オーウェン・ギンガリッチ／岩本正恵訳　226
A Conversation with Charles Eames ― Owen Gingerich
Translated by Masae Iwamoto

チャールズ・エリオット・ノートン記念講義録・抜粋 ― チャールズ・イームズ／岩本正恵訳　234
Excerpts from Charles Eliot Norton Lectures ― Charles Eames
Translated by Masae Iwamoto

イームズ・オフィスの現場 ― ジョン＆マリリン・ニューハート夫妻の証言／瀧口範子　242
Eames Office: An Interview with John and Marilyn Neuhart
By Noriko Takiguchi

イームズ・オフィス／スティーヴン・カベラ　244
Eames Office / By Steven Cabella

日本に食い入る眼　246
Stare into Japan: Japan Connections

EAMES DESIGN Catalog

プロダクト・カタログ　250
Product Catalog

プロダクトの技法と素材／スティーヴン・カベラ　298
Techniques and Materials / By Steven Cabella

トーイ・カタログ　302
Toy Catalog

フィルム・カタログ　312
Film Catalog

本文注　317
Notes

日本語主要参考文献、主要参考文献　318
Selected Japanese Bibliography, Selected Bibliography

所蔵家クレジット、写真クレジット　322
Lender Credits, Photo Credits

凡例

本書は「イームズ・デザイン展」のコンセプト・ブックであり、同展のセクション1～7の解説、チャールズ&レイ・イームズの資料をなすアーカイヴ、および同展に出品される主要なプロダクト（家具その他の製品）・おもちゃ・映画のカタログの3部で構成されている。

◎カタログの各作品データは John Neuhart, Marilyn Neuhart, Ray Eames 共著『Eames design』(Harry N. Abrams, 1989)ならびにハーマンミラー社刊各商品カタログを基礎資料として作成している。

原語名称：商品名が明確なものはそれを採用した。それ以外の場合は、上記資料での型番や通称を名称として記載した。名称が略称としての要素を持っている場合、初出時のみ括弧内にその正式名称と判断されたものを記載した。

日本語名称：外来語のままで日常的に通用しているもの及び日本語へ訳すことが適当でないと思われるものはカタカナ表記とし、その他の語は日本語訳を記載した。原語名称がアルファベット略語の場合は並記した。なお、日本国内で取り扱われている現行商品に該当する作品があるものは、原則的にその名称に従った。

◎カタログの各作品のページは次の基準にならってデータを表記している。

［ページ見出し］は原語名称、日本語名称、設計年からなる。

［作品データ］は以下の順序で表記する：
- 原語名称にならう、さらに詳細化された通称または種類別の名称（ある場合のみ表記）。
- サイズはH（高さ）、D（奥行き）、W（幅）の他に、DIA（直径）の順で記載。当時のカタログ等に記載されているサイズと実測サイズが若干異なる場合は後者を採用し、差異については記載していない。
- 素材は構成部品のうち、主要なもののみ記載し、詳細な部品等の素材は記載していない。金属は、アルミニウムを除いてその種別を記載していない。木材は、その種別を記載していない。
- 設計年はデザインされた年が確定しているものはそれを記載した。それ以外の場合は、発売された最初の年を採用した。
- 製作年は原則として掲載作品そのものの製作年ではなく、その作品を含むモデルが初めて製作された年から生産が終了した年までを記載した。復刻版やアメリカ以外で生産されたものの生産期間は記載していない。不明確なものについては、おおよその時期を記載した。
- 製作は下請け会社の有無に関わらず、製造権を持つ会社の名称を記載した。時期によって異なる会社が製造権を持っていた場合は原則的に併記した。特記のあるものを除き、アメリカ以外の製造会社については記載していない。

*仕様に関する備考：1940～1950年代のプロダクトについては、ディテールやパーツの形状、脚部のバリエーションなどによって製作期間が異なる為、それぞれの製作年は一括して主要な仕様にそろえて表記した。

［フッター］にはType（種類）としてProduct（プロダクト）／Toy（おもちゃ）／Film（映画）が、Link（リンク）として関連セクション番号が明記されている。

SECTION 1

チャールズとレイ――出会いへの日々
Charles and Ray: The Days Before They Met

1-1　若い頃の創作――クランブルック時代

ノートン記念講義＝岩本正恵 訳

　ヨーロッパが第二次世界大戦に突入した翌年の1940年、たぐい希な才能に恵まれた若い男女がアメリカ・ミシガン州で出会った。クランブルック美術アカデミーでの運命的な出会いだった。
　未来がキラキラと光り輝いていた時代、この革新的なアートスクールでは誰もが芸術を、建築を、生活のためのデザインを変えることに燃えていた。夢と理想を分かちあった新しいカップルは、以後37年の結婚生活の中でじつにたくさんのものを作り出した。まるで魔法使いの杖のように、ふたりが取り組んだデザインは次から次へと人を楽しませ、和ませ、現代生活の一部となった。まさにふたりは20世紀の生活を変えたのだった。
　チャールズとレイ。33歳と28歳の若いカップルがクランブルックで出会うまでの青春の日々を辿ってみよう。
　チャールズの生い立ちについては、1970年に行ったハーヴァード大学の連続講義（［ノートン記念講義］）[*1]で彼自身が詳しく、ユーモアたっぷりに語って聞かせているので、それをぜひ紹介したい。

　私は1907年、バンカーヒルの戦いの記念日（訳注：6月17日。1775年のこの日に独立戦争最初の本格的交戦があった）に、ミズーリ州セントルイスで生まれました。
　最初の記憶は、ピアノとヴァイオリンの二重奏をしていた父と母が、急に演奏をやめて、ハレー彗星を見に外に飛びだしていったことです（笑）。次に覚えているのは、タイタニック号の生存者の帰還を見にいったことです。これでもう、私が世紀の変わり目の人間だということをおわかりいただけるでしょう（笑）。

私の父は、私よりもずっと年上でした（笑）。いや——本当にたいへん年が離れていたのです。私が生まれたとき、父は今の私（62才）とほぼ同い年でした。母と姉とふたりの叔母が私を育ててくれました。そのころ叔母たちは、まだ1900年のセントルイス万博の思い出に生きていました（笑）。少年が成長するには最高の環境ではありませんか。

数多くの本が記憶に残っています。『エティ・ドルパ（Eti Dorhpa）』という本、これはアフロディテ（Aphrodite）を逆さに綴ったものですが、すばらしいSF物語で（笑）、私は何年ものあいだ、鏡に映ったろうそくの向うを見つめて自己催眠をかけようとしたものです。それから（笑いと拍手）、ジョージ・M・ホプキンの『初級・実用・実験物理学』という、1890年にニューヨークのマン社から出版された680点の図版入りの本がありました。もしかしたらバルワー=リットン社だったかもしれませんが、とにかく私は説明書を読むのに情熱を燃やすようになりました。とにかくありとあらゆる説明書を読むんです（笑）。特にそのころは、説明は20カ国語か30カ国語で書かれていて、半分は文字からして違っていました。たいていは売薬の説明書でした（笑）。

1918年ごろに父が亡くなり、説明書を読む趣味が役に立ちました。写真用の薬品や、感光板や、高速撮影用球面収差補正レンズ付きのコロナ4×7か5×7などが入った箱を父は遺していったのです。あれこれいじっているうちに、じきに自分で感光乳剤を調合して湿板写真を撮影するようになりました。イーストマンがすでにフィルムを発明していて、そんなことをする必要はないと知ったのは、一年ほどたってからのことでした（笑）。

これをきっかけにした一連のできごとで、私の思春期はすっかり終わってしまいました。よかったのか悪かったのかわかりません。まあ、私ならそういう危険を冒そうとは思いませんがね——。

私はひたすら絵を描きました。1914年から18年にかけて、私の描いたドイツ皇帝ヴィルヘルムII世の肖像は大いに需要がありました（笑）。これが建築の世界に入る直接のきっかけになりました（笑いと拍手）。

12歳のとき、鉄道警備員だった父を亡くしたチャールズは、母と姉とともにふたりの叔母の家に移り住んだ。女たちに囲まれて育った少年は、高校では生徒会長やフットボール部のキャプテンに選ばれ、放課後や週末にはありとあらゆるアルバイトをした*2。リーダーシップがあり、社会経験も豊富なチャールズが生涯、妻レイとの対等なパートナーシップを貫いた理由のひとつは、強い女性たちに支えられて暮らした少年時代にも関係があったのではないだろうか。

——そうです、美術学校の建築科に入りました。セントルイスのワシントン大学です。この大学にはたくさん美しいところがあって、そのひとつ、古代エジプトのカルナク大神殿の1/2サイズのレプリカ内で、授業の半分は行われました。しかし、1/2のサイズでもカルナク大神殿はじつにすばらしい（笑）。しかも大きい。学校は建物にも心を砕くべきです。

A　チャールズがロバート・ウォルシュと設計したマイヤー邸（ミシガン州、1937-38）
B　子供時代のチャールズ
C　ラクリード鋼鉄所で働くチャールズ（1922-23）

ここですばらしい先生に出会いました。美術建築学部のローレンス・ヒル教授です。ヒル教授は建築と歴史の関係を教えてくださいました。建築と歴史はすばらしい組み合わせです。2年生になってすぐ、ヒル教授のおかげで放校になったのですが、だからといって、先生を尊敬する気持ちは少しも変わりませんでした（笑）。
その後、私と先生はよい友人になりました。すぐに私は建築の実務に携わるようになりました。設計事務所で働いたのは、1927、28年にかけてのことです。景気のいい時代でした。私にもあぶく銭が入り、その金を貯めてヨーロッパに行きました。1929年の秋のことです。

そして、大恐慌。私は持っていた金を使いきりました。

アメリカに戻った私は一文無しでした。でも、だれもがみんな一文無しでした。当時、唯一できることといえば、独立開業することでした。1930年に設計事務所を始めるというのは、ちょっとしたものでしたよ（笑）。

なんというか――じつにすばらしい経験でした。設計事務所はなにからなにまでやらなければならなかったのです。小さな教会の仕事をしました。普通の家も大邸宅もやりました。彫刻する部分があれば、自分で彫る。壁画を描く部分があれば、自分で描く。教会の礼服のデザインもしました。邸宅の照明や敷物や彫像のデザインもしました。大工仕事も手伝いました。1931、32、33年に設計事務所をやるというのは、二度とできない貴重な経験でした。

つづいてWPA（訳注：ニューディール政策の雇用促進局。国の失業対策事業で、公共工事だけでなく美術家救済のために公共の場所に壁画や彫刻を作るプロジェクト等もあった）の仕事をしました。これはさまざまなレベルですばらしい体験でした。3カ月ほど、ニューオリンズで大聖堂の計測をしたのですが、週末になるとライターズ・プログラムで来ているライル・サクストンと、ロアーク・ブラッドフォードと、バイユーで仕事をしているテネシー・ウィリアムズがやってくる。しかもWPAでは、郵便局やらなにやらいたるところに壁画を描いて――あの時代を生きた人に聞けば、思い出話に声が震えることでしょう。クランブルックに行ったのは、このあとのことです。

ワシントン大学を放校になった理由は、あまりに革新的すぎて学校に馴染まないことと、当時の前衛建築家だったフランク・ロイド・ライトに感化されすぎていることだったという。大手設計事務所での仕事に専念した彼は、1929年、21歳で最初の結婚をする。相手はキャサリン・ウォーマンという、当時は珍しい女性建築士だった。ヨーロッパへの旅は彼女とのハネムーンでもあったが、アメリカに

戻っても大恐慌で仕事はなく、4年後には妻も娘も置いてひとりメキシコへ放浪の旅に出かけ、8ヶ月戻って来なかった。

帰国後、設計事務所の同僚と新しい設計事務所を開いたチャールズは［マイヤー邸］など6つの建物を設計したが、そのうちのひとつ、聖マリア教会が雑誌『アーキテクチュラル・フォーラム』に紹介された。これが彼に運命的な転機をもたらした。建築家の大御所エリエル・サーリネンが記事に目を止め、チャールズに手紙を書いてきたのだ。以来、ふたりの交友が始まった。クランブルックの学長でもあったサーリネンはチャールズに奨学金を出し、実験的な教育と創造の場に呼び寄せた[*3]。

クランブルック時代、エリエル・サーリネンとエーロ・サーリネン（訳注：エリエルの息子）と共に仕事をした時期も充実していました。どんな学校にも黄金時代がありますが、当時のクランブルックはまさにそうでした。

そのころのクランブルックには、錚々たる顔ぶれがそろっていました。エーロ・サーリネンがいました。あのころはまだ親友というものがあった時代で、エーロと私は大親友でした。ほんとうにすばらしい日々でした。エーロはリリー・スワンと結婚しました。リリー・スワンには天賦の彫刻の才能がありました。これまで彼女を超える才能には出会ったことがありません。ずばぬけた才能を持って生まれた彫刻家でした。私がレイと結婚したのもこのころです。彼女は画家で、アメリカ抽象美術協会の設立メンバーでした。

このころから、いろいろな問題に建築を応用するようになりました。われわれのところに来る問題はすべて、建築として取り組んだのです。この話をしたのは、建築とはなにかということについて、その一部を伝えたかったからです。

エリエル・サーリネンもすばらしい先生でした。彼の建築は、あらゆる細部を吟味し、その後でつぎに大きい部分を見て、またつぎに大きい部分を見てゆくことを教えてくれました。それがエリエルの建築なのです。

ヒル教授のルネサンスでは、ミケランジェロではなくブルネレスキがヒーローでした。アルブレヒト・デューラーについて語るときは、才能ある画家としてではなく、地中海の理論を中欧にもたらした人物としてでした。ルネサンスの学問と偉人たちを語るときは、偉大な数学者カルダーノとタルターリアが、身分と名誉とパドゥア大学の職をめぐって争った書簡、びっくりするような、侮辱に満ちた、執念深く、意地悪で、すさまじい書簡を読みました。それがヒル教授の教えてくれた歴史です。こうしてわれわれは建築について学んだのです。

D-H チャールズが描いたヨーロッパ旅行のスケッチ（1929）
I クランブルック創設者ジョージ・ブースとチャールズ（1938）
J チャールズ（中央）と建築科の学生たち（1939）

SECTION 1
Charles and Ray: The Days Before They Met

あらゆるデザインの課題を「建築」として捉えるというクランブルックの理念は、一方、レイにも強い影響を与えた。1912年、カリフォルニア州のサクラメントに生まれたレイ・カイザーは、姉が生後間もなく死んだこともあって大事に育てられ、母と強い絆で結ばれていた。高校時代すでに装飾やデザインの才能を発揮した彼女は短大卒業後、母とともにニューヨークに移住し、ドイツから亡命してきた前衛芸術家ハンス・ホフマンの薫陶を受ける。同時に彼女は30年代当時の「現代アーティスト」だったピカソ、ミロ、アルプ、カンディンスキー、モンドリアン、カルダーたちにも深い感銘を受けていた[*4]。

抽象絵画と彫刻の新進アーティストとしてマンハッタンで個展も開いたレイだったが、突如、母の死に見舞われる。仲間の勧めで一緒にクランブルックに入学したのには、新たな転機を作り出さざるを得ない若手アーティストの、そして一女性の特別の思いがあったに違いない。それが1940年だった。

アカデミックな理論ではなく、実験を繰り返しながらものを作る、そのプロセスから学べというクランブルックの教育の場で、チャールズもレイも大きく変わった。1939年チャールズはインダストリアルデザイン科のインストラクターに任じられ、翌年には科長となった。同輩にはフローレンス・ノル（訳注：旧姓シュスト。世界的な家具メーカー、ノル社の社長を務めた）、ドン・アルビンソン、ハリー・バートイア、ハリー・ウィーズといった未来の一流デザイナーたちがいた。しかし、後のチャールズとレイにとってもっとも重要な仲間となったのはエーロ・サーリネンだった。クランブルックで彼と共に作った家具は、チャールズとレイ、そしてエーロそれぞれにとって、デザイナーとしての輝かしいキャリアの出発点となった。

K チャールズとエーロ・サーリネン、クランブルック美術アカデミーにて (1939)
L レイ画［限られたパレットの中で、Cのために］(1940ca.)／1943年の『アーツ・アンド・アーキテクチャー』誌にも掲載されたレイによる抽象絵画。イームズ邸の螺旋階段のところに現在も飾られている。「C」はもちろんチャールズのこと。
M レイ画［ブッダからホフマンへの愛］(1941ca.)
N 若き日のレイ (1940)

1-2 MoMA「オーガニック家具デザインコンペ」でのデビュー

チャールズとレイが出会った1940年、ふたりにとってもうひとつ重要な出来事があった。ニューヨーク近代美術館(MoMA)が「住宅室内のためのオーガニック家具デザイン」という異例のコンペを開催したのである。この歴史的なコンペは、優勝作品の製造・販売を競技規定の中で約束した。

美術館主催のコンペを通じてデザイナー、製造会社、販売会社を一致協力させるというアイデアは、もともとニューヨークの有名デパート、ブルーミングデールズがMoMAに持ちかけたもので、コンペが公表された時には12のデパートが製造業者と販売契約を約束していた[*5]。単なる美術館にとどまることなく、積極的に社会に働きかけていこうというMoMAの姿勢は今日の美術館も大いに学ぶところがあるが、それにしてもなぜブルーミングデールズの提案が即座に実現されたのだろうか。

第一次世界大戦以後、アメリカにはドイツ、北欧、イギリスなど、ヨーロッパから輸入された斬新で性能の良い商品が大量に出回るようになった。イギリスのアーツ・アンド・クラフツ、ドイツのバウハウスや工作連盟といったデザインの革新運動は、まさにデザイナー、メーカー、販売会社の関係を見なおして、優れたクラフトマンシップを社会に行き渡らせようというものだったし、そこから生まれた新時代のデザインはアメリカでも人気を得、国家経済の脅威とまで見られるようになっていた。アーツ・アンド・クラフツを信奉するデトロイトの新聞王ジョージ・ブースが私財を投じてクランブルックを開校したのも、ひとつには日用品のデザインを向上させて、生活の質を上げなくてはならないという、社会的な使命感からだった[*6]。MoMAは「オーガニック」という言葉を次のように定義していた。「全体を構成する各パートが、構造・素材・目的のすべてで調和をなしている時、〈オーガニックなデザイン〉と呼ぶことができる。」[*7]クランブルックの盟友、チャールズとエーロ・サーリネンは、このコンペ

コンペに提出されたデザインボード。
A［会話］ B［リラクセーション］ C［サイドチェア］ D［ラウンジング・チェア］

のためにたくさんの家具を共同制作し、6部門中2部門で優勝した。レイは模型や図面の製作を担当した。

1973年、「チャールズ・イームズの家具展」を開いたMoMAの辣腕キュレーター、アーサー・ドレクスラーによれば、ふたりのコンペ案には構造の革新があったという。「どの椅子も合板でできており、それもアールトやブロイヤーのような一方向の曲げではなく、二方向に曲げられていた。つまり曲げは三次元となり、椅子はぐるっと回ってみなければ形が掴めない、いわば彫刻に変わる。しかも成型合板を二度曲げる場合、薄いベニヤ板を接着剤で何層にも張り合わせて合板を作るから、かなりの強度が生まれる。」[*8]

出品作の中にはスプリングを使用した椅子もあったが、もっとも画期的だったのはスプリングがなく、フォームラバーだけでクッション性を出した［会話］や［リラクセーション］と題された、軽くてシンプル、しかも造形性に富んだ椅子である。座も背もたれも肘掛けもワンピースとして一体をなしている。チャールズとエーロは本当はラバーも布地も使わず、合板だけで作りたかったが、滑らかな表面の三次元成型を実現する技術はまだどこにもなかった。脚には木が使われたが、チャールズはクライスラー自動車が開発した電子溶接技術を応用して、アルミニウム製の脚を合板に合体させることを提案していた[*9]。それだとボルトを使わなくて済み、一体性が強まる。この技術が使えなかったのは、戦争用に凍結されていたからだった。

ふたりは椅子の他にもキャビネットやテーブルも出品した。とくにキャビネットは細長いベンチの上に収納ボックスを積むという発想が洒落ていた。結局、コンペが目指したユニークなゴールは、戦争による大きな規制のために果たされなかったが、チャールズとレイがこのコンペで得た新たな可能性への確信は、後にイームズ・デザインの原動力となったのだった。

E 「オーガニック家具コンペ」カタログ
F 「オーガニック家具コンペ展」会場風景

G, H エーロ・サーリネンとチャールズが共同製作したオーガニック・アームチェア／オーガニック家具コンペで優勝した家具のうち、「リラクセーション」と名付けられたこの椅子は、アームチェアよりも背もたれが長く、ほぼリクライニングしている。成型合板のシェルを覆う布地は、同じコンペの「織物の部」で優勝したマーリ・アーマンのオリジナル作品。脚は本来、アルミ製で考えられたが、戦争中で入手が困難だったため、木製に変わった。ワイヤーの筋交いはコンペ展覧会のための応急処置だったと思われる。

1-3 合板チェアの実験

「オーガニック家具デザインコンペ」の結果は1941年秋、MoMAの展覧会で試作品とともに公開されることになっていた。その年の6月に結婚し、7月にはロサンゼルス郊外に移り住んでいたチャールズとレイは、新婚早々、新居のアパートで合板チェアの実験製作に没頭した。それは展示する試作品の完成度を上げるためというより、クオリティの高い家具が大量生産でき、コストが下がる方法をなんとか見つけだしたいという理想と情熱に突き動かされてのことだった。

クランブルックを去った理由は、コミュニティの生活から離れ、自分たちのやり方でまったく新しい生活を始めたかったということのようだ[*10]。アパートはリチャード・ノイトラが設計したモダンな建物だったが、来客用のベッドルームは即座に工房に変わり、キッチンとバスルームは写真の現像室にもなった。実験に使うさまざまな種類の板や接着剤は、チャールズが設計技師として勤め始めた映画会社MGMの美術部から拝借した。

ものの創造は、しばしば道具の創造を経て可能となる。チャールズは三次元の立体曲線と滑らかな表面を一度に実現する、合板の成型装置を発明した。名付けて「カザム!マシン」(Kazam! Machine)。「カザム!」というのは「アラ・カザム!」という魔法の呪文から来ているとも、装置が出す音から来ているとも言われるが、前者ならさしずめ「チチンプイプイ・マシン」といったところだろうか。角材が三角形に組まれ、斜めになった角材は開閉するようヒンジ止めしてある。角材フレームの底には、椅子のシェル(座と背もたれと肘掛けが一体となった立体の板)の石膏型がはめ込まれている。これがカザム!マシンの構造だ。

成型の手順は、まず石膏型の上に合板素材を置く。合板素材はベニヤ板を何層にも重ね、一枚一枚の間に高温で溶ける接着剤を塗ったもので、板は繊維の方向が互い違いになるよう組まれた。次に、風船のように膨らむ伸縮膜で合板素材全体を覆い、角材フレームをボルトできつく締める。ここから成型工程が始まる。石膏型が電気過熱器で熱せられ、接着剤が溶けて乾く一方、自転車のポンプから空気を送りこまれた伸縮膜がパンパンに膨らんで、板と接着剤と石膏型をピッタリと密着させる。4〜6時間の成型工程が終わるとマシンから合板を取り出し、鋸で望みのフォルムを切り出し、サンドペーパーで仕上げた[*11]。

MoMAの展覧会では、スタジアムの合板椅子を量産していたメーカーがMoMAに指定され、チャールズたちとのコラボレーションでシェルの製作を担当したが、ふたりの合板チェアの実験はFRPというプラスチック素材を使い始める1948年まで続いた。

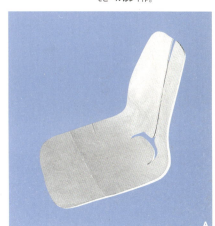

A カザム!マシンによって作られた一体成型合板座面の最初期の試作品(1941)。3次元の成型を可能にするため、中央に切り込みが入っている。
B アトリエを占拠するカザム!マシン。モビールはレイ作。

Early Creative Efforts / The Cranbrook Years

Charles Eames, born in Missouri in 1907, established an architectural firm with his colleague in 1930 and designed several buildings, one of which caught the attention of architect Eliel Saarinen. They became friends, and eventually Saarinen invited Charles to Cranbrook Academy of Arts, a haven of experimental education and creativity where he was President. Ray Kaiser, born in California in 1912, moved to New York after attending junior college to study painting with Hans Hofmann and participate in a group show before a friend urged her to come to Cranbrook in 1940.

Cranbrook was renown as a center of learning through hands-on process rather than theory, and Charles soon became an instructor in the Industrial Design Department in 1939, then Department Head the following year. Charles and Ray inevitably met among Cranbrook's vibrant creative community, including most importantly Eliel Saarinen's son Eero, together with whom they were to make furniture, launching brilliant careers for them all.

Debut at the MoMA *Organic Design* Competition

In 1940, the year that Charles and Ray met, the Museum of Modern Art, New York (MoMA) held an unusual competition entitled *Organic Design in Home Furnishings*. Collaborating with Cranbrook fellow Eero Saarinen, they entered numerous furniture designs and won two out of six categories, their most innovative entry being a highly sculptural chair cushioned entirely in foam rubber.

Actually they had wanted to use neither rubber nor cloth, but plywood; however the technology for shaping smooth three-dimensional surfaces in wood veneers had yet to be invented. They also entered designs for cabinets and tables.

While the unique goals of the competition directly linking designers to manufacturers failed to be realized due to wartime restrictions, it gave Charles and Ray a confidence in new possibilities that would become the driving force of Eames Design.

Plywood Chair Experiments

Charles and Ray married in June 1941 and moved to the suburbs of Los Angeles that July, where they turned the guestroom of their honeymoon home, a modern apartment designed by Richard Neutra, into a workshop for continuing their experiments with plywood chairs. Their empassioned ideal was to discover a means of mass-producing high-quality furniture, thus reducing the cost.

Toward this end, Charles invented a plywood-shaping device that would simultaneously deliver smooth volumetric curves and surfaces. Nicknamed the "Kazam! Machine," a triangular wooden frame was hinged so its angled sides would open and close, allowing a plaster mold for the chair shell (a combined seat-back-armrest form) to fit inside. A balloon-like membrane was then inflated to press layers of veneer sandwiched with high-temperature glue into the electrically-heated mold, and after 4-6 hours the shaping was complete.

Charles and Ray continued experimenting with plywood chairs until 1948, when they began using fiberglass and metal.

SECTION 2

テクノロジー――戦争から生活へ
Technology: From War to Lifestyle

2-1 戦争から生まれた合板のテクニック

チャールズとレイが自宅に籠もって成型合板の実験に心血を注いだ最大の理由は、大量生産可能なデザインの基本型を作るためだった。そしてその努力が最初に実を結んだのは、意外にも軍需品の改良としてだった。

1941年のある日、チャールズの故郷から医者の知人が訪ねてきた。ふたりの成型合板を見た彼は、じつは戦地で困っていることがある、と言って次の話をした。脚を負傷した兵士の運搬に使われる添え木は金属で作られているのだが、これが脚をしっかり固定しないために出血を増やしたり、傷を悪化させて脚を壊死させることさえある。しかし脚や身体をしっかりと固定でき、兵士にも不快でない添え木や担架を君たちの合板で作ることができたら、そうした問題はかなり解消されるはずだと*12。合板なら表面を清潔に保つこともできるし、なにしろ軽くて運搬にも便利だ。

ふたりは即座に添え木の実験製作にとりかかった。まず、チャールズが「犠牲者」となって石膏型を作った。彼自身の脚を石膏で固め、木のブロックで長時間固定させたのだが、石膏が固まる際に出す熱と木の圧力で、火傷やまめができた。型ができると、左右対称にしてもう片方の脚の型をつくる。写真では分かりにくいが、この添え木はまさしくエルゴノミクス・デザインで、脚の各部分に必要な支持力を分析し、それによってベニヤ層の数を変えている。合板の表面にはマホガニーやバーチを使い、中にはベイマツを挟んだ*13。両脇の細い穴には、脚を固定する太いゴム紐を通した。添え木の試作品を海軍に見せたところ、踵を保護するための改良の後、正式な認可が下りた。チャールズの才能に惚れ込んでいた雑誌『カリフォルニア・アーツ&アーキテクチャー』の出版・編集人ジョン・エンテンザは、認可に至るまでの実験改良に力を貸すだけでなく、彼がMGMを辞めて合板の実験に専念できるよう資金援助もしている。

チャールズは合板の知識と経験をもつ建築設計士のグレゴリー・エインとMGMのスタッフを雇い、「プライフォームド・ウッド社」という新会社を作った。まずは海軍から添え木5000個の注文がきた。うんと広い工房が必要になり、カリフォルニア州ヴェニスとサンタモニカの2箇所に工作所を広げた。デザイナーで写真家のハーバート・マターと、クランブルックの同輩ハリー・バートイアも呼び寄せた。バートイアは後にメタル・チェアのデザインで一躍有名になった人である。

ところが海軍からの支払いは遅れに遅れた。フル回転で生産に励んでいるのに給料が払えず、新会社は即座に経営難に陥った。困ったチャールズは1943年、会社と添え木の製造権をエヴァンス・プロダクツ社に売却してしまう。この会社は太平洋岸北部産の

ベイマツを扱う木材加工会社で、チャールズたちの会社はエヴァンス社の成型合板部となり、チャールズは同社の研究開発部長になった。皮肉にも、海軍からはその後まもなく20万個の追加注文が来たのだが[*14]。エヴァンス社成型合板部はヴェニスの自動車修理工場に引っ越し、後にここがイームズ・オフィスとなった。彼らは担架や腕の添え木にも挑戦してみた。結局いずれも生産には至らなかったが、デザイン改良の試行錯誤の中で、人間の身体のメカニズムについて多くを学んだはずだ。

一方、彼らはプライフォームド・ウッド社時代から、成型合板で飛行機のパーツを作る方法も研究していた。垂直・平行安定板、機体の底部、パイロット座席、燃料タンク、ヒンジ、円錐頭など。金属材料は厳しく統制され始めていた。チャールズたちの会社がエヴァンス社に吸収されてからは、海軍の脚用添え木生産に加え、「ヴァルティBT15型」訓練用機の垂直・平行安定板、あるいは兵站（へいたん）用グライダーのブリスター（円錐頭の一部分）や胴体パーツの試作も始まった。

椅子とは比べものにならない大きさ、そして飛行機に当然要求される精密度。大きな合板の成型自体、湿度、圧力、成型時間といった条件の緻密なコントロールが要求される。そこでエインの手で特製カザム！マシンが開発され、新素材のさまざまな接着剤も試された[*15]。

以上は1942年から43年にかけての短い期間に起こったことだが、この間、彼らは軍需品に明け暮れていたわけではない。レイたちは自分たちの技術開発でどんどん美しくなる成型合板を、造形芸術にも応用してみた。そして自由な立体フォルムの彫刻やモビールをたくさん作り、螺旋状のコイルやバネも試作した。1943年MoMA（ニューヨーク近代美術館）で開かれた「使うためのデザイン展」には、彼らが開発した合板の飛行機パーツや添え木、そして彫刻が出品されている。

結局、1945年の戦争終結までにチャールズたちは15万個の添え木を製造し、海軍からは人命救助の感謝状が届いた。しかし、彼らが手にしたものはそれだけではない。この戦争で「大量生産可能な合板の知識と技術」という、なにより貴重な財産を手に入れたのだ。彼らは合板という素材を徹底的に把握した。

さらに、1940年MoMAのコンペで提案した椅子のような、座と背もたれと肘掛けとが繋がった「ワンピース」のデザインにこだわらなくてもいいと思い始めたことも重要だった。座と背もたれを切り離した方が、大量生産には都合がいいことがこの時代の経験で分かったのだが、この発想の転換から不朽の名作家具が誕生した。

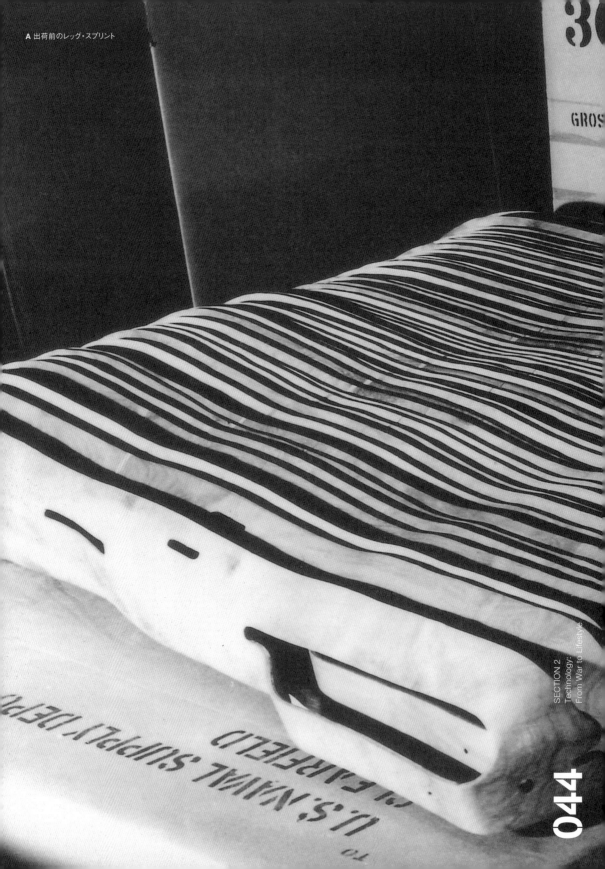

A 出荷前のレッグ・スプリント

B 担架の開発用の木製ブランケット

C グライダーの成型合板用鋳型
D パイロット用座席
E 成型合板で製作中のグライダー胴体部分
F 彫刻／レイ作
G 彫刻／レイ作（部分）

雑誌が社会や芸術運動のかなめとなってひとつの時代や文化を生み出していくということが20世紀にはよくあった。ジョン・エンテンザが1938年に買収した『アーツ&アーキテクチャー』という雑誌も、まさにそうした現象を作り出した。

ロサンゼルスがベースのこの雑誌は、建築を中心にデザイン、美術、音楽など、現代芸術の動きをいち早く伝えた月刊誌である。しかし、エンテンザが出版・編集人としてリニューアルした直後に第二次世界大戦が始まるという特殊な時代にあって、この雑誌は単なる芸術専門誌の域を越え、社会的な活動を起こすことにもなった。エンテンザがチャールズたちに資金援助したのは、けっして友情や篤志家的な動機だけではなかった。彼自身が思い描いていた、住環境を変革するためのシナリオを実現するには、チャールズたちはなくてはならない存在だったのである。変革のシナリオとは、具体的には次のようなことだった——国が戦時体制に入って新技術の開発や材料が封鎖されてしまったが、戦争後に統制が解除されれば、そうした技術や材料を新しい居住環境の中にどんどん取り込んでいけるはずだし、戦後に予想される深刻な住宅難の解決策にもなるだろう。建築家は住宅を工場で量産するための方法やデザインをまず提案しなくてはならない。

エンテンザの社会意識や住環境への提唱は、チャールズたちの理想とぴったり重なっていた。1942年、チャールズはこの雑誌の共同編集人に加わり、レイも編集アドバイザーとなって、44年まではほとんど彼女が表紙をデザインした。そこにはミロやアルプ、あるいはバウハウスのスタイルの影響が強く見られるが、興味深いのはチャールズや他の仲間たちの写真やドローイングをコラージュ（重ね合わせ）していることだ。表紙デザインの仕事は、工作所で添え木の生産に追われる中で行われた。

1943年、エンテンザはこの雑誌で「戦後の生活のためのデザイン」というアイデア・コンペを開催し、翌年には「家とは何か？」という特集号を組んでいる。後者では戦争が放出しうる15の技術を新時代の住宅に応用する方法が、具体的にわかりやすく提案された。この号は編集協力者となったチャールズとレイ、バックミンスター・フラー、エーロ・サーリネン、ハーバート・マターの歴史的なコラボレーションと言ってもいいだろう。「ケーススタディ・ハウス」計画は翌1945年の初めに公表された。

生活のために科学技術とアートと建築を融合させるという発想は、現代においてもなお新しい。しかも戦争技術の自由化時代に備えた建築家やデザイナーたちの社会的な姿勢は、作家的スタイルが優先された20世紀後期とはかなり違っていたように思える。ケーススタディ・ハウスを次々に報告する雑誌として発行部数を圧倒的に伸ばし、世界中の建築家やデザイナーに注目され続けた『アーツ&アーキテクチャー』は1966年に廃刊した。ミース・ファン・デル・ローエの推薦でエンテンザがシカゴのグレアム財団に雇われることになったからだった[*16]。戦争時代に芽生えた力強い動機と明るい未来への夢に突き動かされたこの雑誌は、28年間の奮闘の後、燃え尽きたのだった。

2-2　雑誌『アーツ&アーキテクチャー』

A

A チャールズとジョン・エンテンザ
B『アーツ&アーキテクチャー』誌表紙のスケッチ（レイ画）

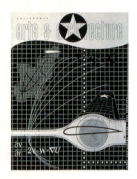   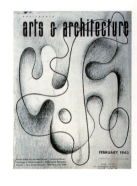

C 『アーツ&アーキテクチャー』誌表紙
(左頁左上より順に) 1942年4、5、9、10月号／1942年11、12月号、1943年1、2月号／1943年4、5、6、7月号／1943年8、9、11、12月号
(右頁左上より順に) 1944年1、2、3、4月号／1944年7、8、10、11月号／1947年3、12月号

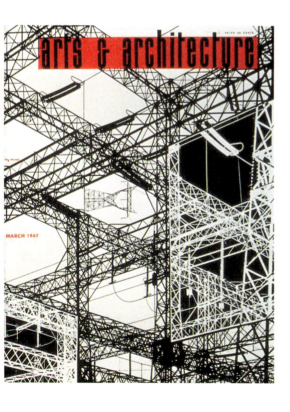

2-3 生活に応用された合板

戦争が終わりに近づくと、海軍の注文が減るかわりに、統制されていた物資や労働力が市場に戻り始めた。チャールズたちは休む間もなく、新時代の家具の本格的な実験を再開した。そう、1940年のオーガニック家具デザインコンペでサーリネンとともに考え出したデザインや技術的なアイデアは、いまや成型合板の量産技術にかけては誰よりも知識と経験と自信をもつチャールズたちによって、実現への道を開かれたのである。

彼らは脚の添え木や飛行機のパーツ製作に使った装置を使って、成型合板の家具に加え、子供用の家具やおもちゃの動物も試作した。戦時下の経験で得た最大の成果は、一体成型へのこだわりを捨てたことだ。パーツを別々に作って組み合わせる方がより機能的かつ柔軟で、量産にも適している――そう彼らは確信していた。

ただし、今度は各パーツの接合技術が問題となった。彼らは「ショックマウント」と呼ばれる丸いゴム製のパッドを木製の背骨と背もたれ、背骨と座の間に挟んで接合しようとしたが、ここが一番難しかった。「オーガニック家具デザインコンペ」では使えなかった自動車の電子溶接も取り入れたが、湿気があると爆発を起こした[*17]。結局、苦労を重ねた末になんとか、十分な機能性と耐久性をもつショックマウント接合の技術を完成させた。

椅子は3本脚、4本脚、木と金属、T字型の構造、ロッキング式など、さまざまな組合せを試したが、結局、量産しうるデザインとして最後に残ったのは［ダイニングチェア・ウッド］（DCW）と［ラウンジチェア・ウッド］（LCW）と名づけた合板のみの椅子と、スチールの脚をつけた［ダイニングチェア・メタル］（DCM）である。ハイバックのラウンジチェアはこの時には完成しなかったが、後の有名なラウンジチェアの原型となった。

椅子にマッチするダイニングテーブルは長方形の天板、コーヒー

A ショックマウント
B-I 成型合板椅子の試作品（1945ca.）
J 成型合板ラウンジチェアの試作品（1946ca.）

J

SECTION 2
Technology:
From War to Lifestyle

060

SECTION 2
Technology:
From War to Lifestyle

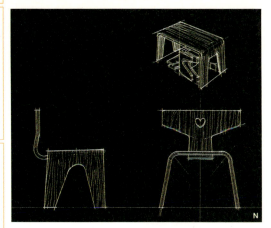

テーブルは円形ないし長方形の天板で、脚は折り畳み式と組み立て式も作った。大きなトレイを脚に載せた円形の天板は、機能的でユーモラスだ。

［ケース・グッズ］と呼ばれるユニット収納家具は、「オーガニック家具デザインコンペ」同様、細長いベンチの上に同じサイズで作られた棚、引出、ラジオなどのキャビネットを自由に組み合わせて載せる（071ページ参照）。引き戸に使われた成型合板の丸いエクボは、頻繁な使用に耐える強度を出し、反りを抑えるための工夫でもある。折り畳み式スクリーンは幅約24cm、断面がU字型の細長い成型合板をキャンヴァス地で繋いだ。

子供用のスタッキング・チェア、テーブル、スツールは、バーチを鮮やかな色で塗装した。椅子の背にはかわいいハート型の穴が空いていて、指で持ち上げられるようになっている。「いつも清潔に使え、教室で乱暴に使われても平気、屋外でも使える」というコピーで売り出され、5000個が生産されたが、人気は出なかった。蛙、アザラシ、馬、熊、象のおもちゃは子供が乗ったり、下をくぐったりして遊べる大きさ。だが、どれも試作に留まった。

以上はすべて1945年末から1946年にかけてエヴァンス社が開いたニューヨークの展示会で紹介されたが、いずれもいきなり大量発注、とはいかなかった。輸送機の設備が専門だったエヴァンス社に家具のマーケティング能力が十分になかったことも大きな原因だろう。成型合板家具が大量に生産されるようになったのは、1949年、家具の製造権がエヴァンス社からハーマンミラー社に移ってからのことである。

K DCMの試作品（1945ca.）
L 子供用チェア
M 成型合板のエクボ
N 子供用家具のスケッチ
O 子供用チェア
P ケース・グッズのベンチに横たわるチャールズ

Q 子供用家具、トーイで作ったテント

R 成型合板で作った動物たち（試作品）
象、馬、熊など

2-4　ハーマンミラー社との出会い──40年代のプロダクト

ニューヨークでの家具展示会は即座には成功に結びつかなかったものの、チャールズたちに重要な出会いをもたらした。

まず、この展示会を見たMoMAのインダストリアルデザイン部長エリオット・ノイスが急遽チャールズの個展を開催した。個展という形式はMoMAにとって初めてのことだったし、商業的すぎるという反対意見もあったが、これこそモダンデザインの傑作なのだ、とノイスが説得した[*18]。なにしろ彼は40年の「オーガニック家具デザインコンペ」を主催したキュレーターだったし、個展を開いた1946年の9月、『アーツ&アーキテクチャー』誌が組んだ特集記事にもチャールズを絶賛する文章を寄せている。ノイスはその後もずっと、チャールズに惜しみない支援をおくった。

MoMAの個展では、展示会で出された一連の家具に加え、それまでのさまざまな試作家具、成型合板のプロセスを見せる写真、ショックマウントの強度と柔軟性を見せる装置、椅子の耐久性をデモンストレーションする回転式ドラムも展示された。

しかし、この個展を皮切りにあちこちの雑誌が紹介記事を出すと、戦時中からの同志だったハリー・バートイア、ハーバート・マター、グレゴリー・エインら、有力なスタッフが一斉にチャールズのもとを去った。理由は、すべてが彼個人の作品として紹介されたからということのようだ[*19]。何年間も苦労を共にし、無数のアイデアや経験を提供してきたまわりの人々にとっては、晴れの舞台で正当にクレジットされなかったことはなんとも耐え難い展開だったに違いない。

一方、チャールズの有力な理解者はもうひとりいた。ミシガン州を拠点とする家具メーカー、ハーマンミラー社のデザイン部長だったジョージ・ネルソンである。彼は有力な建築専門誌『アーキテクチュラル・フォーラム』の編集長だったが、家具を見る目を買われて同社のアドバイザー役も務めていた。さきの展示会で初めて成型合板家具を見た彼は、MoMAの個展に社長と販売部長を連れていき、ハーマンミラー社のラインにチャールズたちの家具を加えるよう、熱心に働きかけた。

クランブルック時代の同僚だったフローレンス・ノルの夫で、新進家具メーカー、ノル社を経営していたハンス・ノルからも積極的なアプローチがあったが、結局個展の3ヶ月後、ハーマンミラー社がエヴァンス社から販売権を獲得した[*20]。生産は引き続きエヴァンス社が行ったが、生産をミシガン州グランドヘイヴンに一本化したため、チャールズたちの工作所は解散させられてしまった。

1947年、チャールズはネルソンの推薦でハーマンミラー社のデザイン・コンサルタントに就任し、2年後にはすべての家具の製造権も同社に移った。以降、イームズ・デザインの家具はハーマンミラー社の強力な生産・販売体制によって、世界中に広まってゆくのである。

A,B 1946年MoMA「チャールズ・イームズの新しい家具展」展示風景
C 椅子の強度をデモンストレーションする回転ドラム

C

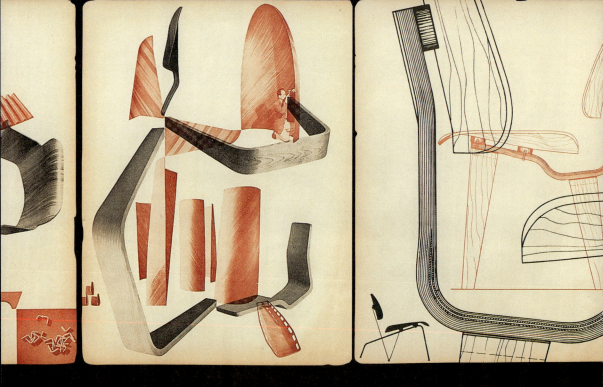

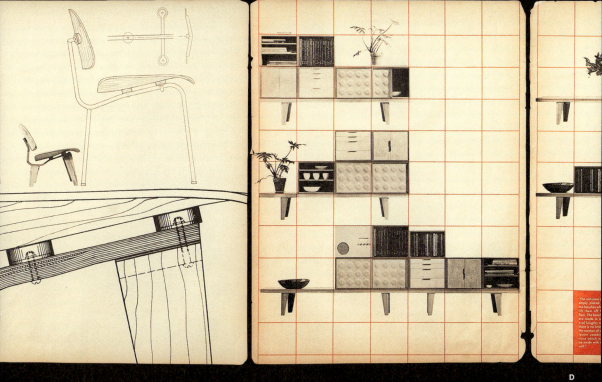

D

D,E 1946年9月『アーツ&アーキテクチャー』誌「チャールズ・イームズ」特集号（表紙はハーバート・マター作）

E

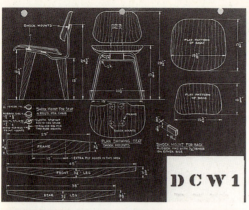
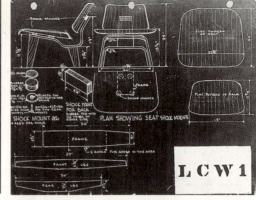
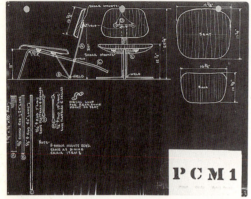
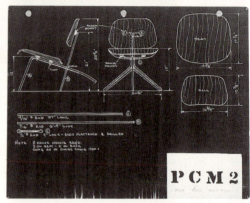
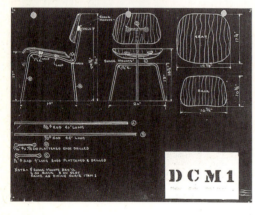
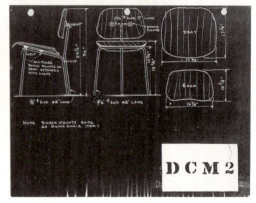

F 合板チェアの仕様図（1945-46ca.）
G 合板チェア座面の製作（1945）

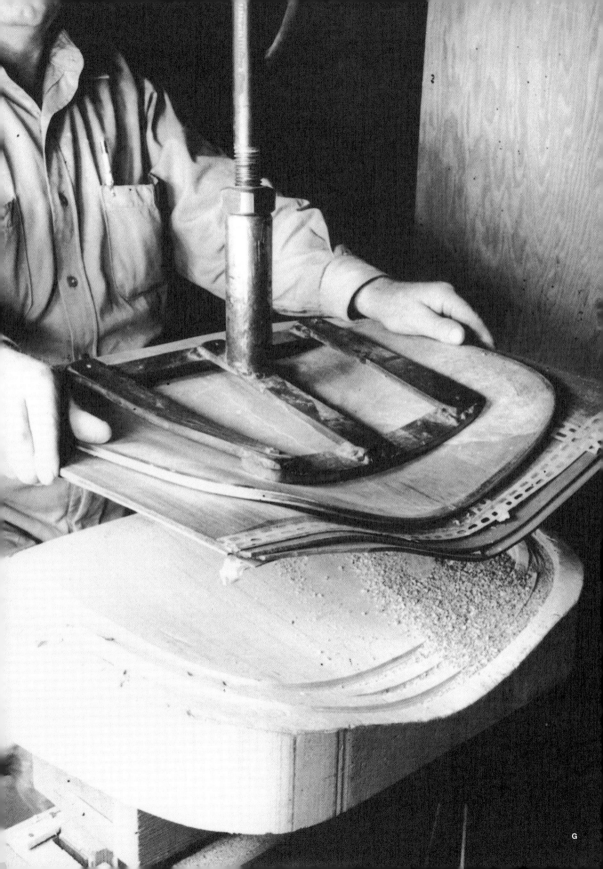

G

H ファブリック［クロス・パッチ］の原画（レイ作）
レイはいくつかファブリックのデザインを手がけており、これはその中で最も知られている。「プリンテッド・ファブリック・コンペ」に出品された。
I ファブリックのデザイン
J ファブリック［ドット・パターン］を広げるレイ

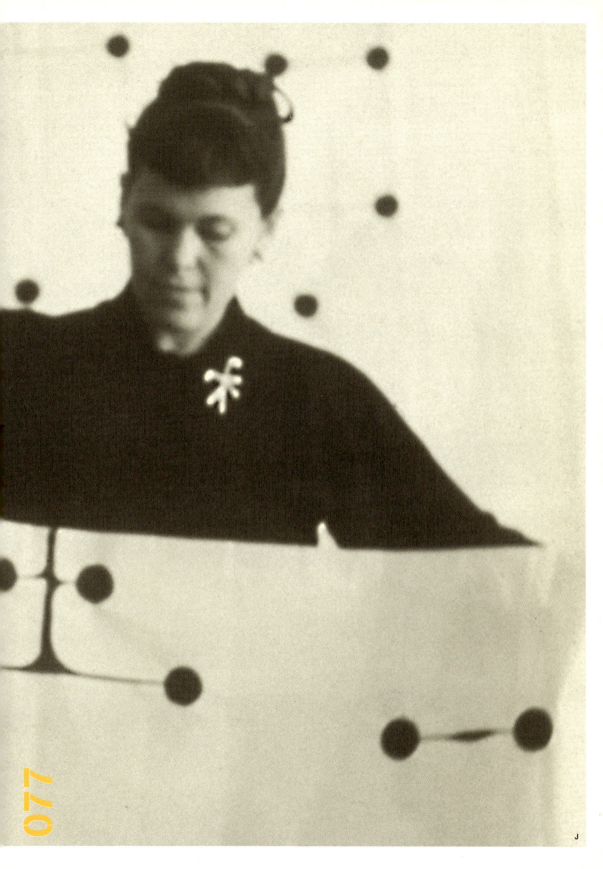

マンハッタンを一望に見下ろす、ロックフェラーセンター最上階のレインボールーム。1947年秋、格式を誇るこの場所で大規模な国際デザインコンペの開催が発表された。MoMA主導のもと、アメリカ流通業界が非営利組織「MoMAプロジェクト」を結成し、「ローコスト家具のための国際デザインコンペ」を行うことになったという。MoMA館長に就任したばかりのレネ・ダーノンコートは、コンペの意図を次のように説明した。

「──世の大多数の人々が今必要としているのは、小さなアパートや家に適した家具です。優れたデザインながら値段は高くない、心地良いけれどもかさばらない、移動しやすく、収納も手入れも簡単にできる。つまり、モダンな生活、モダンな生産・流通のニーズに応えるよう考えられ、大量生産された家具が切実に求められているのです。MoMAと家具流通業界はこの状況を深刻に受け止めていますが、今なら解決の方策が見つかるはずだと信じてもいます。」*21

彼のいう「今」とは、新しい素材、新しい生産技術が自由に扱えるようになった時代という意味である。西海岸のエンテンザやチャールズたちが戦争中から提起していたことが、戦後まもなくニューヨークの雲の上から呼びかけられた。審査員の顔ぶれは、このコンペが一美術館のイベントを越えた社会的な事業だったことを物語っている。戦時中は価格統制局の要職にあったデザイン流通コンサルタント、住宅政策の権威、海軍の航空エンジニア、イギリス・インダストリアルデザイン協会会長、そして建築家の巨匠ミース・ファン・デル・ローエ。

優れたローコスト家具の誕生を真剣に求めたこのコンペは、コンペ実行委員長エドガー・カウフマン指揮のもと、最大限の成果を保証するためのさまざまな工夫を凝らしている。まず、一般公募と平行して、デザイナーと技術者のチームを6組指名し、各々5000ドルの予算で案を提出させた。チャールズはカリフォルニア大学（UCLA）と組むよう依頼された。また、コンペ審査の発表後6ヶ月間は、入選作が生産・販売されるための便宜をMoMAプロジェクトが計らい、製品化の際の業者との交渉も支援することを約束し

2-5 再びMoMAのコンペ──ローコストの家具デザイン

A

た。入選作の製作にはハーマンミラー、ノル、ジョンソン・カーパーの3社が当たった。

反響は期待通りだった。国内からは250点以上、国外からは31カ国から約500点の応募があった。椅子部門の1位を分配したのはエリエル・サーリネンの弟子の若いドイツ亡命者ともうひとりのドイツ人で、チャールズとUCLAのチームは2位に入賞した。佳作者のリストには坂倉準三、ハンス・ウェグナー、ヨルン・ウッツォン、マルコ・ザヌーソ、フランコ・アルビーニ、ルイジ・コロンビーニといった、後の錚々たる建築家やデザイナーの名前も混じっている。

チャールズとUCLAが提出した多くのチーム案の中で入賞したのは、アルミニウムないしスチールを型押しして作った椅子である。審査評にはこうあった。「作者が1940年のコンペでエーロ・サーリネンとともに提案したアイデアが、ここに目を見張る姿となって現れた。…以来10年間、成型合板を使った試作が重ねられたが、入賞作はそのどれよりもオリジナルのアイデアに近い。」*22

しかし、1949年に開かれたコンペ入賞作の展覧会に出品された

A 出品作のセット
B 出品作に腰かけるイームズ・オフィスのメンバーたち
C 出品作サイドチェア

椅子は、座面の素材をFRPに替えて製作された。FRPは繊維ガラスで強化したポリエステル・プラスチックで、これも戦争中、空軍が大幅に改良した素材である。飛行機の先端のレーダーを覆うのに使われており、どんな形も自由に作れるので「魔法の素材」と呼ばれていた。当時は、硬質のゴムとスチレンフォームを芯にして、布状の白い繊維ガラスで両サイドを覆い、上から樹脂塗料をかけて作っていた。FRPの座に金属製の脚を接合できたのは、ショックマウントが使えたお陰である。

チャールズがコンペでアルミニウムやスチールの型押しにこだわった理由は、金属こそはアメリカの大量生産を象徴する素材なのに、家具にはまだうまく応用されていない、それを打破したいと願ったからだった。しかしいざ実験製作に入ると成型用の型が壊れ続けた*23。それでも[ミニマムチェア]をはじめ金属製の椅子を何点も出品したが、十分に低価格にならないと判断した審査員の意見に、結局は従わざるを得なかった。

FRPは金属よりもはるかに軽く、強く、成型合板よりも扱いやすい。

チャールズたちはアームチェアやサイドチェア（肘のないもの）の他、[ラ・シェーズ]という優美な曲線の椅子もFRPで作った。脚の部分は十字にクロスさせた木製のベースと5本のスチールバーでできている。コンペの提出書類には、[会話、安らぎ、遊び]というキャッチフレーズがついていた。「オーガニック家具デザインコンペ」では[会話]という名の椅子が優勝したが、[ラ・シェーズ]はそこに別の用途も加え、「一言では定義できない曖昧な椅子が求められる時代」の要求に応えていると述べている。[ラ・シェーズ]という名は、ガストン・ラシェーズの彫刻[浮かぶ姿]がぴったり乗りそうだということで、また「椅子」というフランス語にも引っかけてつけられた。

コンペに入賞したアームチェアとサイドチェアは、ハーマンミラー社が1950年から生産を開始した。ただし、FRPの部分は戦時中から経験をもつジーニス・プラスチックス社（現在はセンチュリー・プラスチックス社）が担当した。[ラ・シェーズ]はすぐには生産されず、1990年から生産が開始された。

D コンペ入賞作のデザインボード
E ミニマムチェアにすわるイームズ夫妻の友人ドロシー・ジーキンス

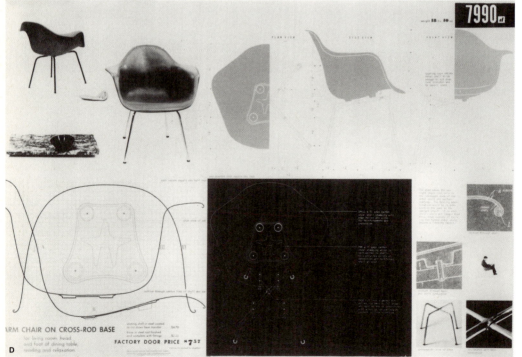

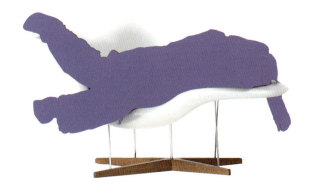

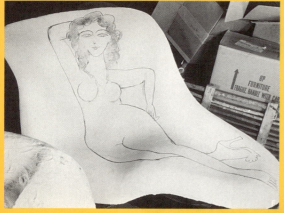
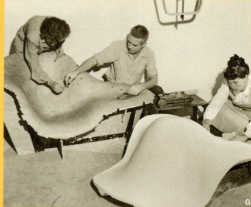
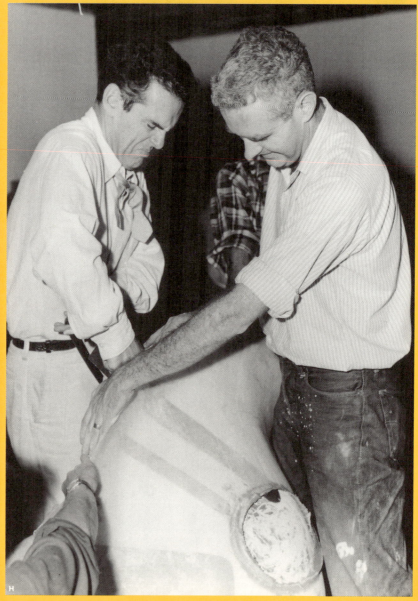

F スタインバーグが絵を描いた
［ラ・シェーズ］の試作品
G 製作風景
H 製作中のチャールズ（左）
I ［ラ・シェーズ］のデザインボード

conversation, rest & play

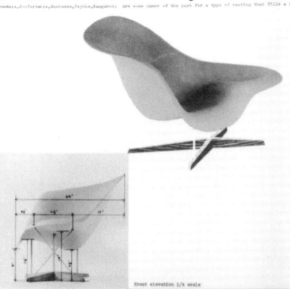
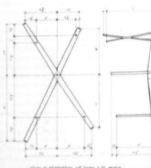
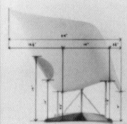
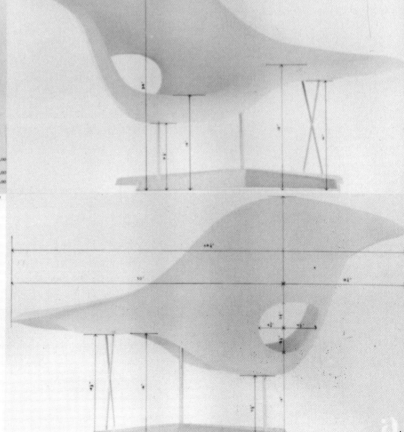

2-6 グッドデザインの原点

MoMAでコンペ受賞作の展覧会が行われた前年の1949年、デトロイト美術館では「モダンリビングのためのデザイン展」が開かれた。これは建築家のアレキサンダー・ジラードが企画・運営・設計したもので、モダンデザインの生活用品の数々を集め、アメリカの市民生活に向けて提案した。

ジラードとチャールズは1946年以来の友人である。ジラードがデザインしたラジオ・エンクロージャーをチャールズがデトロイト出張中に見て感心し、会うとすぐに意気投合したのだった。

全体のスペースは7つの部屋に分かれ、それぞれをジラードの選んだデザイナーがインスタレーションした。チャールズ&レイ・イームズ、アルヴァー・アールト、フローレンス・ノル、ジョージ・ネルソン、ブルーノ・マトソン、ジェンズ・リゾム、エーロ・サーリネン。いずれも20世紀半ばを代表する建築家やデザイナーたちである。

ネルソンが見たチャールズたちの部屋は「実際的に部屋をアレンジするというより、むしろインテリアへの取り組み方を示していた」という*24。彼らが作ってみせた室内のインスタレーションは、理屈っぽいモダニストが作りそうな、美のルールに支配された気位の高いお手本ではなかった。壁にはチャールズの撮った木の写真があり、メキシコのお面があり、ペーパーフラワーや凧があり。テーブルの上には日本製の茶碗。そうした自由で楽しげな雰囲気の中に、合板ダイニングチェアとダイニングテーブル、新しい収納ユニット(イームズ・ストレージ・ユニット)、そして[ラ・シェーズ]が置かれた。

1973年にイームズの大個展を開催したMoMAのキュレーター、アーサー・ドレクスラーはカタログで次のように書いている。「イームズ家具の特徴はバラバラに置いても、まとめて置いても様になることだ。この柔軟性はまわりの建築家たちも賞賛する点である。彼自身が言うように、イームズはつねに建築家としての意識をもち、すべては建築の課題だと考えている。」さらにこうも書いた。「イームズ・チェアにはアメリカ的な性格がある。構成上必要なディテールを抑えるのではなく、逆に堂々と見せている。金属部品はしっ

A,B「モダンリビングのためのデザイン展」のための切り紙のスケッチ
C カーソン・ピリー・スコットのショウウィンドー
D カーソン・ピリー・スコットのショウィンドーのためのスケッチ
E,F カーソン・ピリー・スコットのショウィンドーのための模型

かりとその機能を果たすようデザインされているが、アメリカ人がしばしばヨーロッパのデザインを見て〈感傷的〉だと感じるような大袈裟なデザインではない。」*25 まさにそういったところが、「モダニスト」と一括りされるデザインとは似て非なる点だろう。

翌1950年からはシカゴで「グッドデザイン展」が始まった。これはニューヨークのMoMAとシカゴのマーチャンダイズ・マートの共同企画で、毎年3回、5年間続けて行われた。夏と冬はシカゴの家具見本市にぶつけ、3回目はシカゴのマートとニューヨークのMoMAで同時開催する。この企画を指揮したMoMAの建築デザイン部長エドガー・カウフマンは、「ローコスト家具デザインコンペ」を運営した後、部長に就任したばかりの若手キュレーターだった。

「グッドデザイン展」では毎年、カウフマン、ジラード、そしてシカゴ美術館のメイリック・ロジャーズの3人の選考委員が「使い勝手、素材と製造方法、時代を先取りするテイスト、以上すべての点で現代生活に適したデザイン商品」を選んだ。第1回展覧会のインスタレーションはイームズ・オフィスが担当した。建物のダクトやパイプを剥き出しにして美しいオブジェとして見せるといった斬新な展示空間の中に、「グッドデザイン」として選ばれた家具、食器、建築部品、工具、室内備品、カーペットなどが彫刻や絵画、骨董品と共にアレンジされた。

今日、ニューヨークの観光名所ともなったMoMAのデザインショップは、この頃からの長い伝統を受け継いでいるわけだが、今のコレクションをカウフマンやチャールズが見たら何と思うのだろうか。「グッドデザイン」というものが一定のスタイルに固定化され、権威的なシンボルにさえなってしまったことを残念に思わないだろうか。

シカゴでは「グッドデザイン展」に関連して、カーソン・ピリー・スコットというデパートがチャールズ、ネルソン、サーリネン、ウォームリーの4人のデザイナーに1階のショウウィンドーを使ったインスタレーションを依頼した。チャールズはハーマンミラー社で商品化された自分の家具を使って、ドラマチックな展示デザインをしている。見本市やデパートがこういう企画をし始めたということは、モダンデザインの家具が一般の消費者にも広く受け入れられるようになったことを意味していた。

SECTION 2
Technology:
From War to Lifestyle

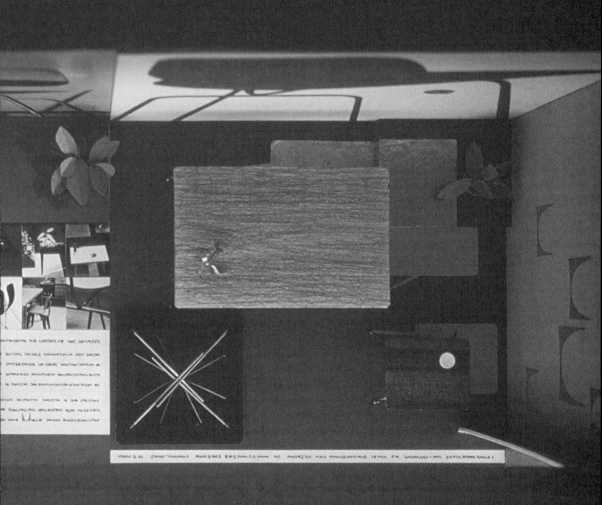

Plywood Technology from the War Effort
The principle aim behind Charles and Ray home experiments in molded plywood was to create some mass-producible basic model design. Oddly enough, these efforts first bore fruit in improvements in a military-use item. America was at war, and at the suggestion of an acquaintance, they began testing lightweight ergonomic designs in leg splints.
The Navy ordered their splints, and Charles and Ray founded the Plyformed Wood Company. When payments lagged in 1943, however, they sold out to Evans Products Company, their small company becoming Evans's Molded Plywood Division and moving to an automotive repair plant in Venice, later the site of the Eames Office.
Ultimately, by the end of the war in 1945 Charles and Ray made some 150,000 splints. Meanwhile, they also applied steady technological improvements to even more beautiful sculptural artforms in plywood. The war had given them invaluable knowledge and techniques in mass-producible plywood.

Arts & Architecture
Many times magazines have played a pivotal role in society or art movements, giving rise to a particular era or culture. The magazine *California Arts & Architecture* (later changed to *Arts & Architecture*) acquired in 1938 by John Entenza exemplifies this phenomenon. Based in Los Angeles, this monthly focused mainly on architecture, while covering design, art, music, any and all creative trends. No mere arts magazine, however, the publication embraced social causes, serving as a medium for Entenza's numerous efforts together with Charles and Ray to actively change the living environment through such initiatives as the Case Study House program. In 1942, Charles joined the magazine as an editorial associate, and Ray as a member of the advisory board; she also designed almost every cover until 1944.
Arts & Architecture ceased publication in 1966. After 28 years of dedicated fervor, the magazine that blazed forth during the War years with its vision of a bright tomorrow had burned out.

Plywood for Living

As the end of the war drew near and rationed resources began to return to the market, Charles and Ray resumed real experimentation with furniture. Their designs for the 1940 *Organic Design in Home Furnishings* competition, combined with their insuperable knowledge of mass-produced molded plywood led the way to actual production.

Thanks to their wartime experience with many other design factors, they were no longer fixated on the molded compound-curve one-piece seat. Now the problem became how to join various parts together. Ultimately, they perfected the "shock mount," a functional and durable joining technique for sandwiching round rubber pads between plywood layers.

Evans unveiled many of their furniture designs at press and trade previews from late-1945 to 1946, but it wasn't until 1949 when manufacturing rights transferred from Evans to the Herman Miller Furniture Company that their designs came into mass-production.

Enter Herman Miller / '40s Products

Eliot Noyes, Director of MoMA's Industrial Design Department, saw the Evans furniture show in New York and immediately gave Charles a solo-exhibition. Over opposition that such a show would be "too commercial," Noyes, who had been the curator for the 1940 *Organic Design* competition, championed the work as the "epitome of modern design."

George Nelson, Design Director for Herman Miller who was one of Charles' most adamant supporters, brought the company President and Sales Manager to the solo-exhibition, and pushed for including Charles and Ray's designs in the Herman Miller line. Three months after the exhibition, Herman Miller bought out the distribution rights from Evans.

Then in 1947, at Nelson's recommendation, Herman Miller hired Charles as design consultant, and two years later all manufacturing rights for Charles and Ray's furniture transferred to Herman Miller, who proceeded to produce their pieces in volume and market Eames Design furniture the world over.

MoMA Again—The *Low-cost Furniture Design* Competition

In the autumn of 1947, America's top manufacturers and distributors formed the MoMA Project and helped sponsor MoMA's *International Competition for Low-cost Furniture Design*. Out of over 250 domestic entries and some 500 from abroad, Charles' team took second prize in the chair category.

Among their many team submissions, the winning entry was a chair molded out of aluminum or steel. When shown at MoMA's 1950 exhibition of prizewinners, however, the seat was changed to FRP, fiberglass reinforced plastic widely utilized by the Navy during the war. Eminently lighter and stronger than steel, easier to mold than plywood, FRP found use in Charles and Ray's designs for armchairs, sidechairs (without armrests), and the gracefully curved "La Chaise."

These FRP armchairs and sidechairs went into commercial production in 1950.

"Good Design" for Modern Living

In 1949, the Detroit Institute of Arts held *An Exhibition for Modern Living*, which brought together everyday items in modern design to propose a new postwar lifestyle. The exhibition space was divided into seven rooms, one of which was designed by Charles and Ray. Their interior installation avoided all overblown modernist polemic, and instead featured various of their own furnishings set about to create a free and easy ambience.

Then from 1950 began the Chicago *Good Design* exhibition program, a tie-up between MoMA in New York and the Merchandise Mart in Chicago, whose selection committee sought "design intended for present-day life, in regard to usefulness, to production methods and materials, and to the progressive taste of the day."

The first exhibition was supervised by the Eames Office, who arranged furniture, dinnerware, carpets and other housewares chosen for their "good design" together with sculpture, paintings and antiques at a wholesale merchandising center, signaling that modern design home furnishings were finally reaching the general consumer public.

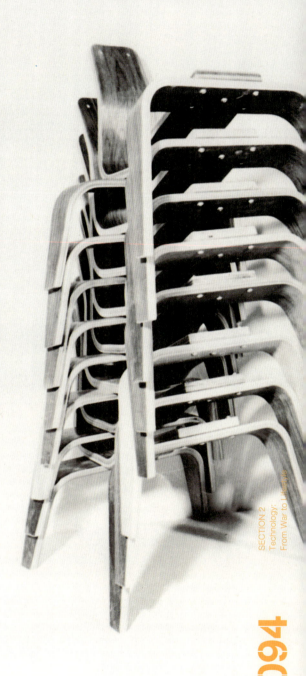

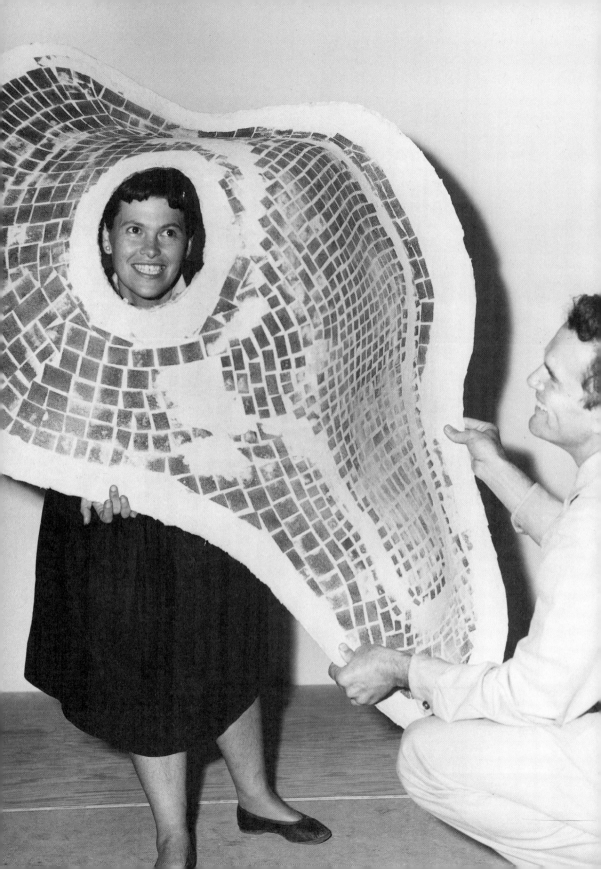

SECTION 3

新時代を語りつづける建築
Architecture That Stays New

3-1 イームズ邸

ミースが生んだ鉄とガラスの建築にも匹敵する、20世紀の秀作──惜しみない賛辞を与えられてきた[イームズ邸]には、今も世界中の建築家や学生が見学にやって来る。威圧感のないシンプルなこの家は、太平洋の海を見下ろす小高い丘の林の中で、太陽とそよ風と緑と優しく戯れている。

[イームズ邸]はジョン・エンテンザが雑誌『アーツ&アーキテクチャー』の1945年1月号で発表した「ケーススタディ・ハウス・プログラム」の一環として建てられた。このプログラムは「もっとも筋の通った」建築家として選ばれた8人が、雑誌をクライアントとして一戸建て住宅を設計するというものである。基本的な条件は「南カリフォルニアの住宅状況を改善する」「平均的アメリカ人に手の届く値段をめざす」など。コストを下げるために既製品の利用が勧められ、建築家の望む製品は製造業者が探して調達することが保証された[26]。

土地はエンテンザがサンタモニカ郊外などにまとめて買い、ケーススタディ・ハウスに住みたい人に転売した。[イームズ邸]となった#8の土地はイームズ夫妻が買い、#9はエンテンザ自身が確保し、両方を夫妻とエーロ・サーリネンが共同設計することになった。

プログラム発表後しばらくは、戦後の建築資材不足が続いたため、#8も#9も4年後の1949年になってようやく建てられた。ただし、#8については建築資材が現場に届いた後、チャールズが建物のレイアウトをガラッと変えてしまう。この変更で新たに調達したのは梁1本だけだったというが[27]、まったく妥協を知らない人である。設計者のクレジットからサーリネンの名前は外された。

新しいプランは、丘を背に長さ53mの鉄骨コンクリート擁壁を打ち込み、そのラインに沿って2階建ての住宅棟とスタジオ棟を並べ、間に中庭を設けるというものだった。構造は鉄骨の柱と梁で組み、すべて2.25m×6mのモジュール平面で構成した。住宅棟はモジュール8つ分、スタジオ棟は5つ分、中庭は4つ分の大きさである。壁には透明ガラス、半透明ガラス、セメストボード、アスベスト板、木製パネルなどを組み合わせた。インテリアは壁も床も天井も、なるべく薄く見えるように設計した。

建築資材をすべてメーカーのカタログから選んだことも、[イームズ邸]の感動させるところだ。窓もドアも工場建築用のもので、当時住宅に使うことは考えられなかった。MoMAのドレクスラーは「1968年に(サンフランシスコで)創刊された『ホールアース・カタログ』の先駆け」と、この住宅を称えている。「地球のすべてを活用しよう」という『ホールアース・カタログ』は、身の回りの品や工業製品などを応用して、自分の創意工夫で新しいライフスタイルのツールを作ろうと呼びかけた、ヒッピー世代の雑誌である。チャールズは反体制主義者ではなかったが、ヒッピーの理想を20年前に実現していたのだった。

A 鉄骨が立ち上がったイームズ邸

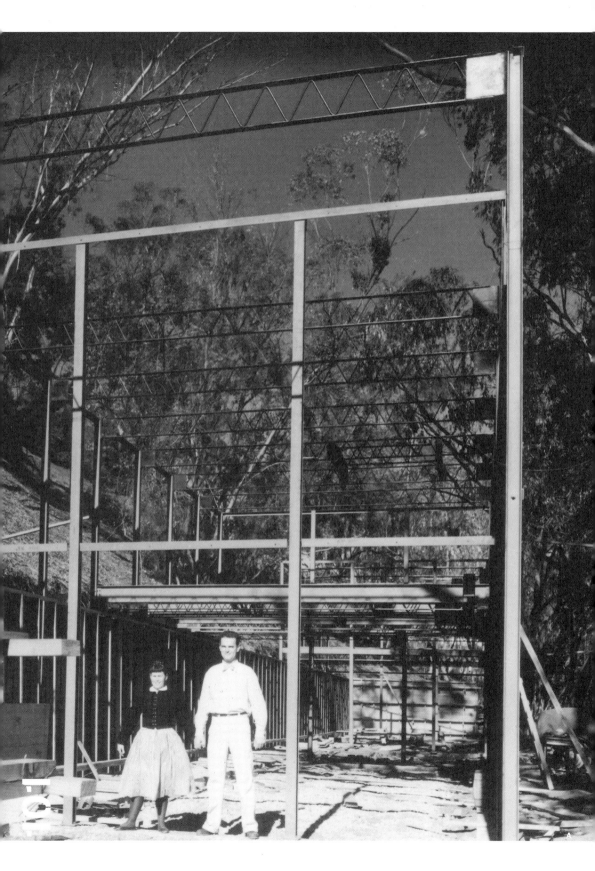

B,C イームズ邸リビング棟
D,E スタジオ棟

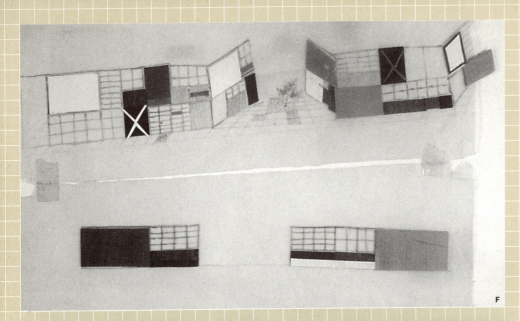

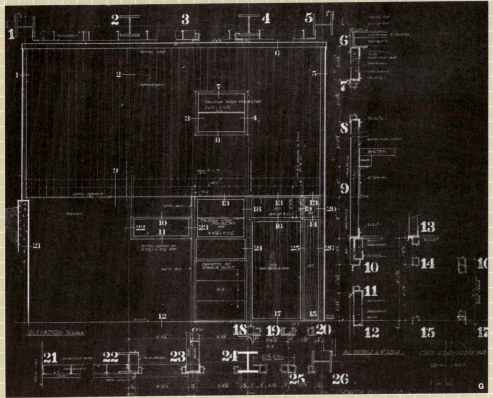

F イームズ邸スケッチ
G スタジオ棟東壁の立面図
H イームズ邸外観

[イームズ邸]の特異性　伊東豊雄(建築家)

1945年から約20年にもわたって持続したケーススタディ・ハウスの一連のプロジェクトは、20世紀の建築史においてひときわ秀でた質をそなえている。しかし実現された25の住宅のなかで、[イームズ邸]は他とまったく異なる何かをそなえている。それは明確な違いであるのに、言葉にするのは決して容易ではない。だが言語化が容易でない点にこそ、この住宅の特質がある。
例えば[イームズ邸]のファサードには、「デ・スティール」の絵画に見られる赤や青の鮮やかな色彩が使われている。それはファサードに生き生きとした印象を与えているが、色使いは控え目である。不思議なことに、色彩がないよりもあるほうが自然に見える。リートフェルトの[シュレーダー邸]と比較すれば明らかなように、[イームズ邸]における色彩は意図が決して突出していない。モダニズムの建築によく見られるアートの実験の場ではなく、それは人に新鮮な快適さを与えるためだけにある。
またこの住宅のファサードには、かなりのガラスが使用されている。

斜面に接する背後の面以外の三面では、大半の部分がガラスに覆われている。だがほとんどのガラス面は小さく分節され、隣接する面ごとに分節の方法も異なっている。内側にカーテンも吊られているので、外から見ても内から見てもそれほど多くのガラスが使われているとは気付かないくらいである。他のケーススタディ・ハウスと比較してみれば、その違いは歴然とする。例えば有名なピエール・コーニッグの[#22]に用いられている大きなガラス面とそれは対照的である。ロサンゼルスの街を見下ろすステージのような空間を成立させているガラスの透明感と比較する時、[イームズ邸]のガラスはいかにも穏やかで控え目に感じられる。
このような穏やかさや慎ましやかな印象はこの住宅の至るところに存在する。決してスタイリッシュに陥らず、ほとんど表現とも言えない程のやさしさにすっぽりと覆われた住宅、すべての要素がそこに在るべくして在るような、およそ自然としか言いようのないものの存在のあり様は、いったい何に由来しているのであろうか。
建築であれ、家具であれ、あるいは衣服においても、すべてのデザインにはイメージの対象化という手続きが必要である。デザインの源泉となるイメージは個人に所属する。イメージがイメージに止まる限りにおいて、それは個人のいかなる内的衝動から生じようと勝手である。誰からもそれを阻止されるいわれはない。だがいかなるイメージもそれが、建築や衣服として「デザイン」される時、それは社会的存在として自立するために個の身体から離脱し、個から対象化されなくてはならない。いかなる内的イメージもそれに機能

や意味を付与されねばならない。社会において機能や意味を持った商品としてものは流通し、再び個人（使用者）の身体に還ってゆく。

だがデザインの「デザイン」たる所以とも言うべき「対象化」の過程で不可避な矛盾が起こる。「対象化」とはすなわち抽象化である。身体と渾然一体になった内的思考は、外的思考としての意味や機能によって疎外されるのである。本来個の身体に帰還するべきものが、ものから遊離した意味や機能のみで自立して身体を裏切り続けるのである。これは抽象を求め続ける近代的思考の本質である。近代デザインの「排他性（エクスクルーシヴィティ）」もここに起因していると言えよう。

近代建築において、例えば工業製品としての建築は大きなテーマであり続けてきた。鉄やガラスの使用は量産やそれに伴う経済性といった大義名分によって妥当性を与えられ、個人の身体から離脱する。それを達成するための均質化がより空間の抽象性を高め、一層身体性からの離脱に拍車をかける。かくして近代建築は「工業化」「均質化」「抽象化」といった意味の自立によって生の身体を疎外し、「排他性」を高めることになる。

［イームズ邸］の特異性は20世紀モダニズムの真っ只中にありながらまったく「排他性」を感じさせない点にある。この住宅はほとんどすべて工業製品でつくられている。しかもカタログに掲載されている標準的なパーツをアセンブルしてつくられたという。単純な二層のヴォリュームは均等に分節されて、一見何の変哲もないように見える。すなわちこの住宅も他のケーススタディ・ハウス同様、近代の意味を十二分に付与されているはずである。

にも拘らずこの住宅にのみ「排他性」を感じないのは何故か。それはおそらくこの住宅に限って、内的思考と外的思考の境界がないからに違いない。イームズ夫妻の身体から生じた住むことの夢（イメージ）は、それが鉄やガラスのような工業製品を用いたキューブであったとしても、決して対象化されたり抽象化、すなわち外的思考に陥ることなく、身体的思考の内に止まり続けたからに他ならない。個人の夢は終始、個の豊かで慎ましやかな感受性の内に止まったままデザインされ、建ちあがったのである。

［イームズ邸］に感じられる信じ難いほど人の心を和ませるたたずまいは、このような二つの思考の一致に由来するように思われる。こうした「排他性」のなさは20世紀のデザインにあって稀有なことである。この事実を単にそれが「自邸」であったからという理由に帰すことは出来ないだろう。

穏やかな快適さはプライウッド（合板）の椅子にも感じられるからである。それらもまた、格別な意味を主張することなく、不思議なほど自然に身体を和ませる。20世紀のデザインが本質的に内在させるパラドックスを［イームズ邸］や「プライウッド・チェア」が突き抜け得たという事実は、私たちが当然のごとくに割り切っているモダンデザインの意味を根源から問い直して来ずにはおかない。それはつかの間の出来事であったかもしれないが、近代の描いたユートピアが実現された瞬間でもあったように思われる。

I ケーススタディ・ハウス#8と#9の初期のプランの模型（1945）
J ケーススタディ・ハウス#8の初期のプランのスケッチ（1945）

［イームズ邸］の隣りの敷地に立つ［ケーススタディ・ハウス#9］は1949年、#8とほぼ同時期に建てられた。こちらは最後までサーリネンと共同設計し、やはり既製品の鉄骨を構造体に使ったが、外壁は対照的に透明な部分がきわめて少なく、木製パネルや石膏ボードで覆っている。1階建てで平面はほぼ正方形、内部空間は家の中央に向かって構成された。外から中が透けて見える家というのは、さすがのエンテンザも、いざ自分の家となると受け入れ難かったのだろうか（まもなく彼はこの家を人に売ってしまった）。
イームズが自邸（#8）で実行した「オフ・ザ・シェルフ方式」、つまりカタログ注文した既製品でローコストの家を作るやり方は、即座に評判となった。鉄骨フレームが一日半で組めたなど、建設期間が短いのも魅力だった。

［イームズ邸］が完成する前、すでにハーマンミラー社から依頼されたロサンゼルスのショウルームが完成していた。これは同社が西海岸に作ったショウルームの第一号で、デザインは［イームズ邸］とよく似ている。ここでは新作家具のオープニングに加え、チャールズたちが映画を作り始めてからは、その上映会も行われた。
さらに映画監督のビリー・ワイルダーも、同じ方法で自邸を作ってほしいと頼んできた。場所はビヴァリーヒルズの丘の上。［イームズ邸］よりも大きな長方形プランだが、モジュラーの空間構成、オフ・ザ・シェルフ方式は共通していた。チャールズが工業製品にこだわったひとつの理由は、建築家の「自意識」が出なくて済むからだった[*28]。パーソナルな表現は住み手に任せるべきだというのが、彼の考えだった。

3-2　イームズのローコスト建築

ビリー・ワイルダー邸の設計は1950年に行われたが、建設には至っていない。また、翌年には鍵メーカーのクイックセット社にも同じ手法の家を依頼されたが、これも実現していない。

工業製品の組み合わせで建築を設計するというのは、建築家としては微妙な危うさをはらむ態度である。建築家の個性を感じさせない、最小限の建築。実際、チャールズはこの頃を最後に建築デザインを止めてしまった。彼は、建築にはフラストレーションが多すぎ、色々なファクターが邪魔をして本来のアイデアを実現するのが難しいジャンルだと感じていた。

逆に、家具や映画や展覧会を創作する時は、彼はいつも建築家として臨んだ。そこは自分の手で完全にコントロールできる世界だったのである。

A イームズ邸（左）とエンテンザ邸（右）
B エンテンザ邸
C ビリー・ワイルダー（右）とチャールズ（左）
D ビリー・ワイルダー邸の模型

The Eames House

The Eames House (Case Study House #8) has been acclaimed as masterpiece of 20th century architecture rivaling the steel-and-glass designs of Mies van der Rohe. Built as part of the "Case Study House program" presented in the January 1945 issue of *Arts & Architecture,* wherein eight of the "most reasonable" architects were selected to design a single-dwelling house for the "client" magazine.

As the shortage of building materials continued after the war, the Eames House was not built until four years later in 1949. Separate two-storey house and studio steel post-and-beam structures, each with a 2.2m x 6m modular floor plan, were positioned to partially enclose a patio.

The walls were a combination of glass, stucco, "cemesto," asbestos and plywood panels, and all elements floors, walls and ceilings were designed thin to make the interior seem as light as possible. And much to their credit, they selected building materials entirely from manufacturer catalogs.

Eames Low-cost Housing

Case Study House #9 was built around the same time on a site next to the Eames House. A collaborative design with Eero Saarinen, it features the same "off-the-shelf" steel framing for its structure, but in contrast to #8 transparent elements are extremely few, the emphasis being instead on wood and stucco panels. Even before the Eames House was finished, Herman Miller commissioned and completed its Los Angeles showroom, the company's first on the West Coast. Very similar in design to the Eames House, film director Billy Wilder ordered a house for himself along the same lines. Larger in rectangular plan than the Eames House, it shared the same modular spatial composition and off-the-shelf construction.

The Billy Wilder house, designed in 1950, was never built. This was to be Charles' final architectural design, though as he went on creating furniture, films and exhibitions he always did so as an architect.

SECTION 4

永遠に愛される家具

Furniture: Enduring Favorites

SECTION 4
Furniture: Enduring Favorites

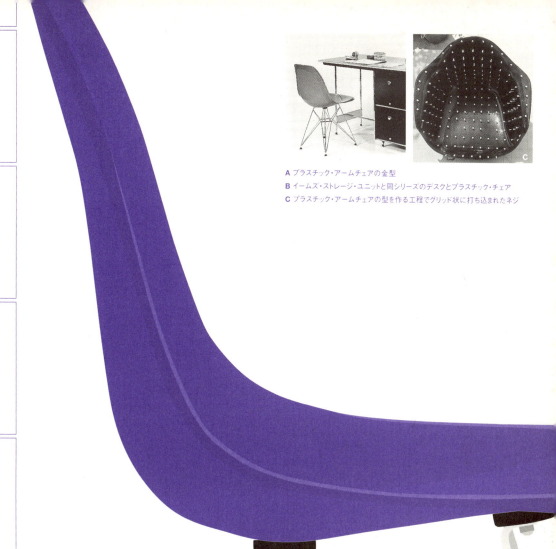

A プラスチック・アームチェアの金型
B イームズ・ストレージ・ユニットと同シリーズのデスクとプラスチック・チェア
C プラスチック・アームチェアの型を作る工程でグリッド状に打ち込まれたネジ

4-1　1950年代のプロダクト

　チャールズたちは1940年代の10年をかけて、家具のニュー・スタンダードを築いた。数々の実験と改良を重ねた末、機能・フォルム・生産技術・価格のすべてを革新し、家具の常識を塗り替えたのである。それが1940年のMoMAのコンペに始まり、48年再びMoMAのコンペで結実するという、美術館の野心的なイベントに後押しされたことは興味深い。
　「ローコスト家具デザインコンペ」の展覧会に向けてプロトタイプの改良が重ねられたFRPのアームチェアとサイドチェアは、剥き出しと布張り、そしてさまざまな脚と色のヴァリエーションが作られ、1950年あたりからハーマンミラー社によって大量生産されるようになった。感心するのは、椅子が大ヒットしても、チャールズたちが技術改良の手を止めなかったことである。
　FRPのサイドチェアはイームズの家具の中でももっともよく知られ、親しまれているものだろう。シンプルで飽きのこないフォルム、軽いのに耐久性があり、クッションがないのに身体に柔らかく馴染む。ベーシックなデザインながら生真面目でなく、気品さえ感じられる（それは数多あるコピー商品と比べれば一目瞭然だ）。家庭、オフィスを問わず、どんな場所に置いても様になる。20世紀にもっとも普及した椅子として、このサイドチェアはヤコブセンの［アント・チェア］と双璧をなしている。
　チャールズとスタッフたちはFRPのサイドチェアとアームチェアを基礎として、いくつものヴァリエーションを作り出した（中でもクランブルックの生徒だったドン・アルビンソンは基本デザインだけでなく、製造技術や特別な工具の開発まで手がけ、重要な役割を果たした）。同時期にデザインされたワイヤーメッシュ・チェアは、金属の型押しを断念した彼らの見事な逆転勝利デザインである。チャールズとレイは以前から金物カゴの美しさに魅かれていた[29]。ここでは、力がかかる部分とそうでない部分を、最小限のワイヤー

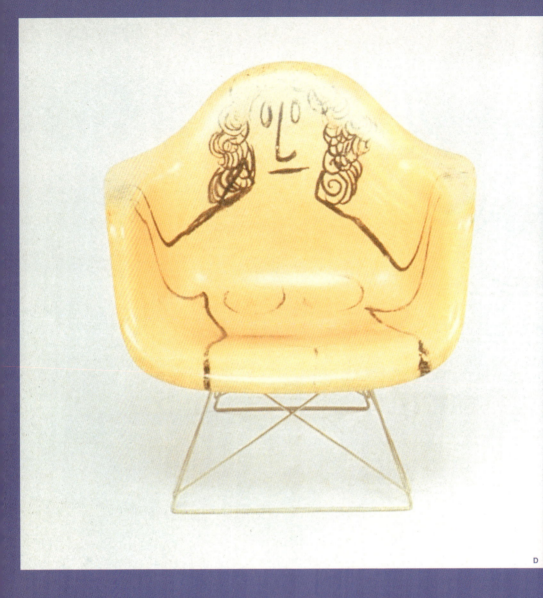

D

D スタインバーグが絵を描いたプラスチック・アームチェア
E ワイヤーメッシュ・チェア
F スタッキング・チェアがズラリ並んだ体育館

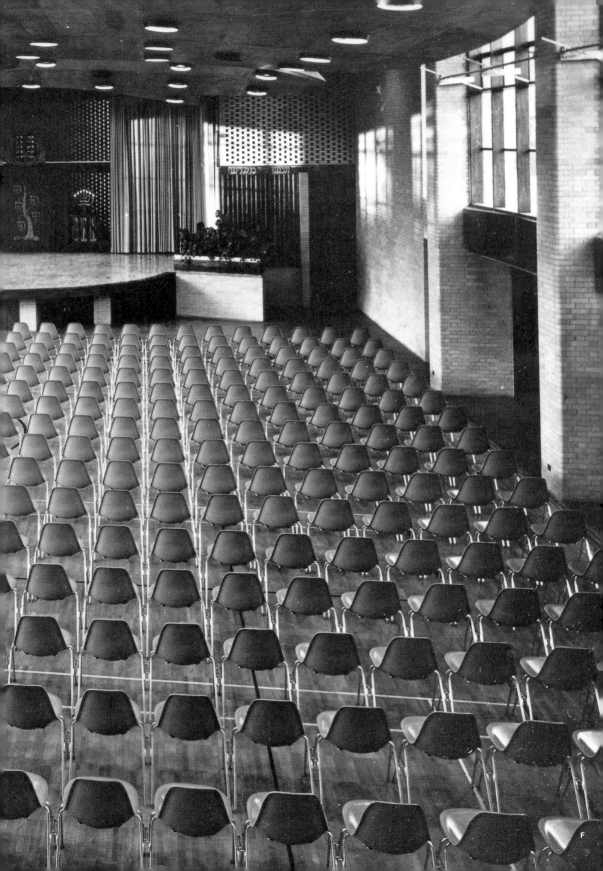

G スタッキング・ベースの付いたプラスチック・サイドチェア
（スタッキング・チェア）
H ワイヤーソファ
I ワイヤーメッシュ・チェアの試作品（1951ca.）
J スタジアム・シーティング

を巧みに配分してサポートし、まわりだけワイヤーを2本にして強度と安定性を出している。ここが有名なハリー・バートイアの椅子と異なる点で、このワイヤーメッシュのデザインはアメリカ初の意匠特許を獲得した。各タイプの布張りや、さまざまな脚のヴァリエーションも用意された。

組立式のワイヤーソファ（1951）はワイヤーメッシュ・チェアと同じ素材でデザインし、ソファ・コンパクト（1954）ではさらに部材を減らしてコストを下げた。玩具メーカーのタイグレット社から製造・発売された［ハング・イット・オール］（1953）も、同時期のワイヤー技術を応用して生まれたものだ。

金属の脚を応用した小さなロー・テーブルや細長いエリプティカル（楕円形）テーブルは、イームズの家具デザインの中では異色である。床に座っても使えるこれらのテーブルは、当時アメリカで関心が高まり始めたという日本文化への憧れを表しているのかもしれない。

一方、アームチェアとサイドチェアのシェルを一列に合体させたスタジアム・シーティング（1954）は、その名の通りスタジアム、学校、空港など、パブリックな場所用にデザインされた。さらに、サイドチェアの脚を工夫したスタッキング・チェア（1955）も作られ、大量に出回った。

ラウンジチェア&オットマン（1956）は、かつてのミニマルなデザインとは逆に、重量感のある、高級感あふれる佇まいである。チャールズは「使いこまれた野球のミットのように、暖かく包み込むような」椅子を作りたいと考えていた。そして、最高の座り心地と言われるイギリスのジェントルマンズ・クラブの革張り椅子を「現代アメリカ版」に仕立てた。ただし、その原型は戦後に試作した成型合板家具に見いだせる。

50年代はアルミニウム製家具の商品化が進んだ時代でもあった。サーリネンが設計する住宅のインテリアを担当していたアレキサンダー・ジラードの依頼で、チャールズたちはアルミナム・グループ・チェア（1958）という、屋外にも使える椅子シリーズをデザインした。ここではノーガハイド（人工レザー）を使った厚地のシートを、両サ

K ラウンジチェアのベースとなる成型合板
L ラウンジチェア＆オットマンの広告写真
　（モデルはイームズの友人のブローカー）
M ラウンジチェア＆オットマンの分解イラストレーション
N アルミナム・グループ広告写真の撮影風景

L

イドのアルミリブ、そして座の先端と背もたれの上端のバーに固定し、引っ張っている。リブは背もたれの裏側のもう一本のアルミバーで繋いで補強し、ハンドルとしても使えるようにした。
　この椅子の面白いところは、屋外・屋内兼用ということで、当時流行していたハンモックに着想を得ていることだ[*30]。お尻と背をカバーする一枚のパッドは、ハンモックの屋内版というわけなのだ。
　チャールズたちの家具づくりの姿勢は、この頃から明らかに変わり始めている。西海岸に根を下ろして以来、「低価格」は彼らのデザイン思想の一部でさえあったが、50年代の後半からは決して低価格とも一般的とも言えない、高級感漂う家具をデザインし始めたのである。ただ、それを成功者の心変わりと言ってしまうのは単純すぎるだろう。
　むしろ彼らはこれまで必死で登ってきた山の、頂上を極めてしまったということではないだろうか。合板の椅子、FRPの椅子などであらゆる素材を試し、製造技術を鍛えつくした末に、彼らは低価格のベストデザイン家具という新しい基準に到達したのである。大著『イームズ・デザイン』を書いたジョン＆マリリン・ニューハートによれば、「チャールズは成型合板でもプラスチックでもワイヤーでも、価格について満足したことはなかったものの、彼の関心は（この頃から）映画制作や展覧会のデザインへと移っていった」という。最低限の生活水準を満たすという戦後の急務をなんとかクリアしたアメリカ社会の関心自体が、経済発展と共に大きく変化していったことも考え併せなくてはならない。チャールズは狭い主義主張にこだわって自分の創作を限定するような人物ではなかった。家具でモダンデザインを極めた彼は、無尽蔵の好奇心と創造意欲に駆られて、再び未知の大海へと乗り出していったのである。

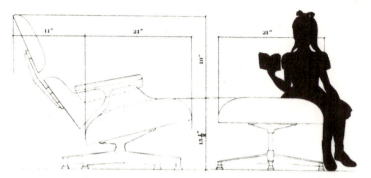

UPHOLSTERED LOUNGE CHAIR AND OTTOMAN

OTTOMAN & CHAIR SEAT CUSHIONS
Identically constructed and are interchangeable. Fabric covering zippered to a vulcanized fibre back. Filled with a feather and down envelope around a block of foam rubber.

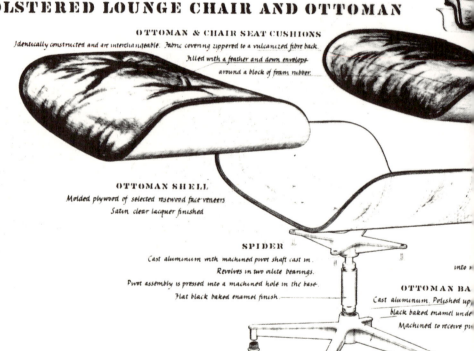

OTTOMAN SHELL
Molded plywood of selected rosewood face veneers. Satin clear lacquer finished.

SPIDER
Cast aluminum with machined pivot shaft cast in. Revolves in two nilite bearings. Pivot assembly is pressed into a machined hole in the base. Flat black baked enamel finish.

designed by charles eames for the herman miller furniture company

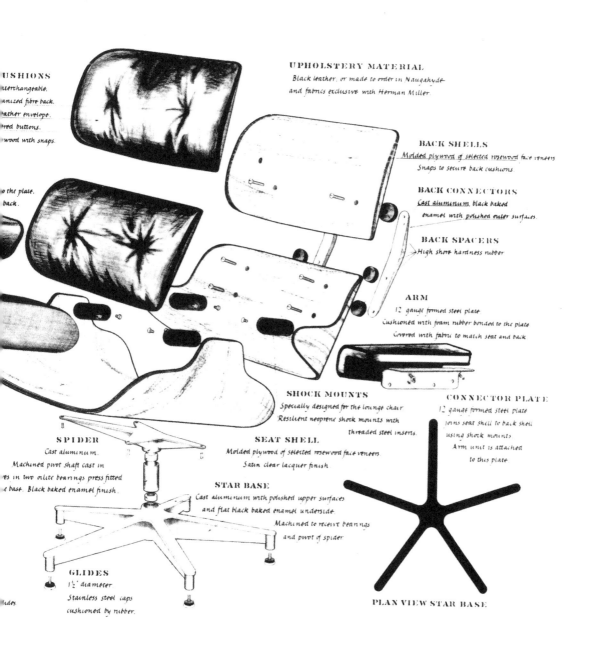

低価格・ローコストをモットーに、新しい家具の水準を築いたチャールズとレイ。ふたりは映画や展覧会に活躍の場を移していったが、家具デザインの現場から完全に離れたわけではなかった。チャールズの指揮の下、有能なスタッフたちはオフィスや学校、空港、会議場といったパブリックな場所に向けて新製品を次々と生み出していった。オフィスの近代化が進み、空港ターミナルが大型化し始め、学校や大学の施設が刷新されていく中、彼らの家具はスポンジに吸い込まれる水のように、社会のすみずみに浸透していった。イームズ・オフィスには成型合板やFRPの加工で培った、エルゴノミクス・デザインの厚い基礎があった。しかも、どの家具も軽く、強くて長持ちするので、公の場所には好んで選ばれた。価格の問題はあるにせよ、それは大量生産を目指して骨身を削ったチャールズたちの、理想通りの展開だった。

1960年、『タイム』誌の会長はニューヨークに新築するタイム=ライフ・ビルのインテリアデザインの一部を、イームズ・オフィスに依頼した。ロビーにはラウンジチェアより小ぶりで会議にも使える回転椅子が必要、ということで作られたのがタイム=ライフ（エグゼクティブ）チェアである[*31]。成型合板からなる座と背もたれにパッドを乗せ、レザー地でカバーした。ハーマンミラー社からは［イームズ・エグゼクティブ・シーティング］の名で同じラインのデスクチェアや、レイがデザインした木製スツールも発売された。

タイム=ライフ・チェアには有名なエピソードがある。1972年、世界チェス大会の決勝に臨んだボビー・フィッシャーが「タイム=ライフ・チェアでないと集中できない」と言って用意させたので、相手のボリス・スパスキーも負けずに所望したのだった。そこでこの椅子は一気にステータスを上げたと言われる。

4-2　1960年以降のプロダクト

A タンデムスリング・シーティング
B ラ・フォンダ・テーブルとタイム=ライフ・チェア

同じビルのレストラン「ラ・フォンダ・デル・ソル」の為にアレキサンダー・ジラードと一緒に作ったラ・フォンダ・チェア（1961）は、FRPのサイドチェアとアームチェアをベースにしているが、背もたれはテーブルに隠れるよう低くした。バー用のラ・フォンダ・チェアはFRPの座を人工レザーで覆い、十字型の頑丈な脚にショックマウントで固定している。

50年代末、エーロ・サーリネンからはワシントンDCのダレス空港の椅子を、マーフィー事務所からはシカゴのオヘア空港の椅子を依頼されたイームズ・オフィスは、タンデムスリング・シーティング（1962）を共同開発した。背もたれと座はアルミニウム製のフレームに引っ張られ、スチール製の頑丈な梁と脚に支えられている。すこぶる強靭なパッドは付け替えが可能で、2〜6人掛けの1列式と、10〜12人掛けの2列式があり、自由に組み合わせられる。この直列式ソファのシステムは、FRPのアームチェアとサイドチェアを使ったタンデム・シェル・シーティング（1963）、小さなテーブルを付けたスクール・シーティング（1964）に発展し、誰もが見覚えのある大衆製品となった。

基礎応用編はさらに続く。アルミナム・グループの脚を応用し、ユニットの連結で長さが調節できるようにしたセグメンテッドベース・テーブル（1964）。ソファ・コンパクトを改良した3473ソファ（1964）。タイム＝ライフ・ビルのデスクチェアを発展させたインターミディエイト・デスクチェア（1968）。アルミニウム・グループ・チェアに革張りのパッドを貼りつけたソフトパッド・グループ（1969）。DCMの成型合板の座と背もたれを、新素材のプラスチックを使ってショッ

C イームズ・コントラクト・ストレージ

クマウントと一体成型したツーピース・プラスチックチェア（1971）。そのシェルを回転脚に乗せてソフトパッドで覆い、リクライニング式にしたツーピース・セクレタリアルチェア（1971）。シェルの内側にウレタンフォームを貼りつけたルースクッション・アームチェア（1971）。イームズ・オフィス最後の家具となったチーク＆レザー・ソファ（現イームズ・ソファ、1984）は、ソファ・コンパクトをベースにヴィトラ社と共同開発した。座と背もたれにチークかウォールナットという高級な木材が使われている。

この流れの中で、チェイス（1968）という名の寝椅子は突発的なアイテムである。映画監督ビリー・ワイルダーのためにチャールズが勝手にデザインした椅子なのだが、幅が狭いのには理由があった。ワイルダーが撮影の合間に仮眠できるソファが欲しいと言ったのを覚えていたチャールズは、腕組みしないと収まらない幅にすれば、寝入ると腕が落ちて目が覚めると考え、監督を喜ばせようと製作に取りかかったのだった。ただ、残念ながら、結果は芳しくなかったらしい[*32]。

もうひとつ異色なのは、イームズ・コントラクト・ストレージ（1961）と呼ばれるマルチ収納家具である。これは大学の学生寮という狭い空間のために、収納、デスク、ベッドがコンパクトに収まる組立式家具として開発された。床から20センチ余り浮かせて通気に配慮するなど、至れり尽くせりのデザインだったが、キャンパスに住む学生が激減し、1969年に製造中止となった。ベトナム戦争が始まり、ヒッピー文化と共に社会の価値観が大きく揺れ始めた60年代と運命を共にした家具であった。

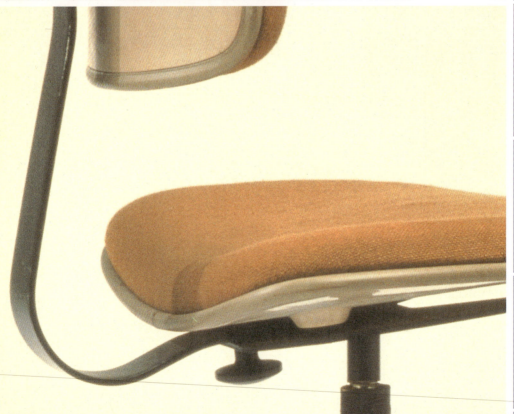

SECTION 4
Furniture: Enduring Favorites

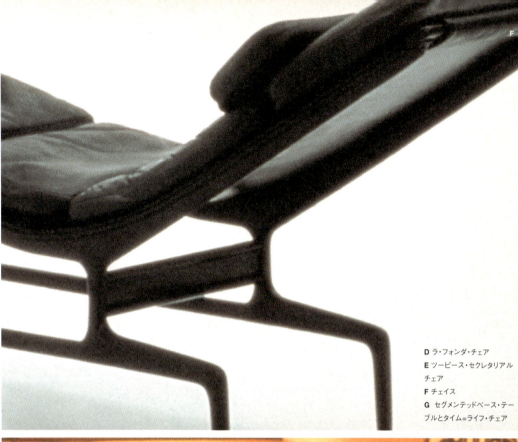

D ラ・フォンダ・チェア
E ツーピース・セクレタリアル
 チェア
F チェイス
G セグメンテッドベース・テー
 ブルとタイム=ライフ・チェア

H MoMAに展示されたタンデムスリング・シーティング。
左に［ラ・シェーズ］の由来ともなったガストン・ラシェーズの彫刻が見える。

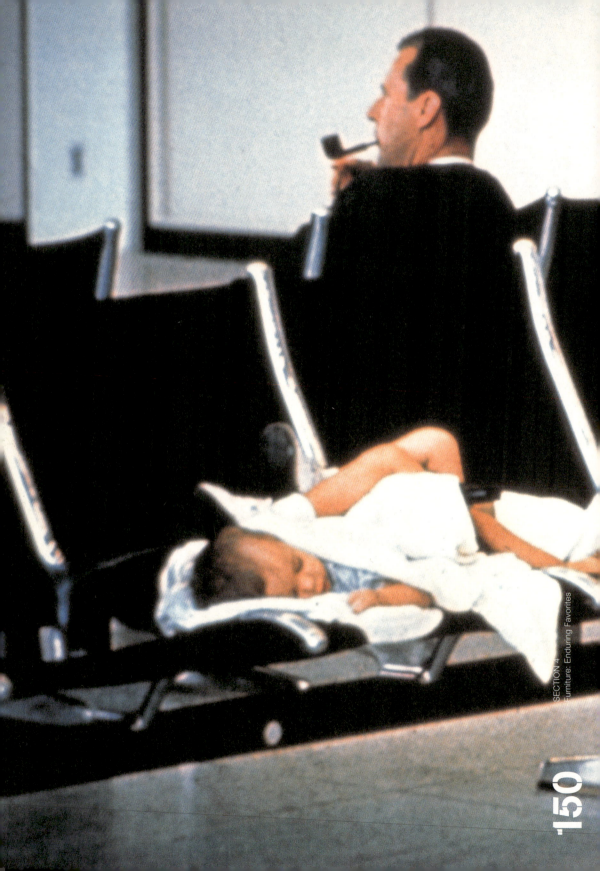

SECTION 4: Furniture: Enduring Favorites
150.

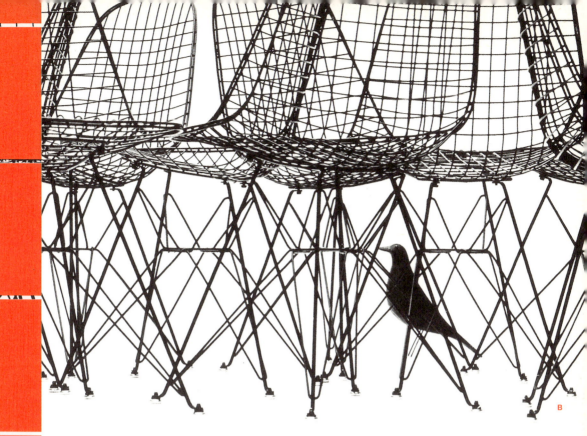

4-3 ハーマンミラー社との歩み

1946年、建築家ジョージ・ネルソンに連れられてMoMAの「チャールズ・イームズの新しい家具デザイン展」を訪れたハーマンミラー社長ディプリーは、強い衝撃を覚えたに違いない。即座にエヴァンス社から販売権を買い、翌年にはチャールズをデザイン・コンサルタントに迎え、3年後には製造権も買い取ったからだ。

1905年ミシガン州で創業したハーマンミラー社は、最初クラシックな家具を作っていたが、大恐慌後はギルバート・ロードの家具でモダン路線に切り替え、建築雑誌の編集長だったネルソンをデザイン部長に迎えて新路線の強化に力を入れていた[*33]。ネルソンはイサム・ノグチやアレキサンダー・ジラードもコンサルタントに加える一方、自らも歴史に残る家具をデザインしている。

チャールズらがハーマンミラー社で手がけた仕事を振り返ると、その多才ぶりに驚かされる。単に家具を作っていただけではないのだ。彼らは1960年代の半ばまで、製品カタログやポスターなどの広告ツールはもちろん、製品の解説書や梱包用カートン、ショウルームで使う販促用のディスプレイ・ツールに至るまで、グラフィックデザインはすべて自分たちで行った。どうやら最初の頃は、頼まれないのに自主的に始めたらしい。

イームズ夫妻が監督した数々の短編映画の中には、ハーマンミラー社の家具をテーマにしたものが何点かある。その大半はディーラーや営業マンに向けた教育ツールとして、あるいは幹部へのプレゼンテーション用として、あるいは単に同社の社員や関係者を喜ばせるために作られた。そこには映像作家にありがちな前衛的な気負いはなく、あくまでも短い時間に多くのことを理解してもら

A ハーマンミラー社の広告
B ワイヤーメッシュ・チェアとクロドリの民芸彫刻を使ったハーマンミラー社の広告

えるよう、シンプルで素直な手法が使われている。自発的に作った作品もあったが、むろんハーマンミラー社は作り手の期待通り、広報および教育ツールとして活用した。

50年代から60年代半ばまでは、ロサンゼルス・ショウルームのディスプレイもチャールズらがデザインした。しかし単なるディスプレイデザインではない。ジラードもかなり協力した独創的なインスタレーションは、展覧会にも劣らぬインパクトを訪れた人々に与えた。それは、新作家具をフィーチャーするというより、新しいライフスタイルそのものを提案していた。

[イームズ邸]や「グッドデザイン展」と同様、彼らは民芸品、植物、彫刻、種の袋、写真、人形、貝殻などの自然物など、ありとあらゆるものをサンプリングして自作の家具とミックスしてみせた。日常風景や自然の中から、あるいは旅先で見つけたファウンド・オブジェクト(発見物)を自由に組み合わせるという手法は、アーティストが好んで使うジャクスタポジション(並置)の手法から「気取り」を差し引いたものと等しい。事実、ハーマンミラー社のショウルームを見たデザイナーや学生たちはすっかり影響されて、オフィスやスタジオがどんどんイームズ風のインテリアに変わっていったという[34]。

グラフィックにせよ、映画にせよ、ディスプレイにせよ、つねに中心に立って指揮したチャールズには、人にものを伝えること、つまりコミュニケーションへの旺盛な意欲と抜群の創作能力があった——そのことがハーマンミラー社との多面的な活躍から浮かび上がってくる。彼がクライアントの心を掴んで離さなかったひとつの理由は、完璧主義者でありながらアイデアを思いつくとすぐに実行し、それが実際しばしば人の心を掴み、クライアントを喜ばせた、ということではないだろうか。

1956年、テレビの人気トーク番組「トゥデイ・ショウ」から出演依頼を受けたチャールズとレイは、ラウンジチェアの短編映画をたった5日で制作し、インタビュー中に流してもらった[35]。主演俳優はハーマンミラー社の社員である。その後ハーマンミラー社は、この映画を営業マンたちの教育ツールにした。クライアントからしてみれば、ふたりはひとつの製品が生む効果を、通常の2倍にも3倍にも膨らませるようなデザイナーだったのである。

C 直径90cmのプロモーション用多面体オブジェ(1954)
D ワイヤーメッシュ・チェアのすべてをコンパクトに表わしたハーマンミラー社のポスター(1951年)

upholstered wire chairs

designed by charles eames

a wire shell

supporting resilient upholstery

is charles eames' newest answer

to the search for comfortable seating pieces

at modest prices

choice of one or two piece cushions

both easily removed

in exclusive fabrics or genuine leather

six different versions

designed for writing, dining, lounging

light in weight

yet strongly made

priced to retail from $25 up

write to department I-4

for descriptive folder

herman miller furniture company, zeeland michigan
america's foremost collection of modern furniture

out soon: completely revised and enlarged edition of "the herman miller collection,"
profusely illustrated—$5. orders accepted now on receipt of check or money order.

Interiors
April 1952

showrooms: one park avenue, new york 8806 beverly blvd.,
los angeles 2401 west 86th terrace, kansas city 622 merchandise mart, chicago exhibitors bldg., grand rapids

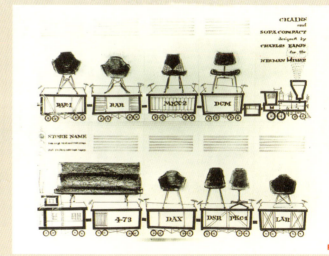

E 広告グラフィック
F レイによる広告のスケッチ
G ハーマンミラー社の広告
H アルミナム・グループの広告

（160ページより）
［目で見るハーマンミラー社の歴史］
1967年、イームズ・オフィス制作
1927年より1965年までのハーマンミラー社とその代表的デザイナー、ジョージ・ネルソン、チャールズ&レイ・イームズ、アレキサンダー・ジラードの活動の歴史をビジュアルで紹介している。上が芸術全般における主要な作品、真ん中の帯がハーマンミラー社長D.J.ディプリーとデザイナー、ギルバート・ロードの足跡、下の帯は先のデザイナーたちの作品を示す。

The Aluminum Group designed by Charles Eames for the Herman Miller Furniture Co.

Zeeland, Michigan

This advertisement appears in Fortune Magazine — May 1960

1925   1930

1926 **HEMINGWAY:** The Sun Also Rises
1925 **FITZGERALD:** The Great Gatsby
1926 **GODDARD** launches first rocket with liquid propellent

1925 **MONDRIAN**

1925 **CORNELL** in The Green Hat

1930 **WIGMAN** tours U.S.A.

1931/32 **SHAHN:** Bartolomeo Vanzetti and Nicola Sacco

1927 **DUNCAN** dies
1928 **BRANCUSI** v. U.S. Government

1931 **PAVLOVA** dies

1932 **GIACOMETTI**

1933 **HOFFMAN** opens N.Y. School and
1935 opens Provincetown Summer School

1933/48 **ANNI** and **JOSEF ALBERS** at Black Mountain College

1934 U.S. v. One Book Entitled Ulysses by JAMES JOYCE
1932/33 **UDAY SHANKAR:** first U.S. dance tour

1927 **JOLSON**
O'NEILL: Strange Interlude

1925 **CHAPLIN:** The Gold Rush

1928 **DISNEY:** The Steamboat Willie

1927 **Weissenhofsiedlung**

1917/28 **De Stijl** abstracts form

1926/27 **MENDELSOHN:** Schocken Dept. Store

1929 **DIETRICH** in The Blue Angel

1930 **COCTEAU:** Blood of a Poet

GRAHAM

1932 **CASSANDRE**

1935 The Informer

1925 **BREUER**

1926 **MIES VAN DER ROHE**

1927 **LE CORBUSIER; JEANNERET; PERRIAND**

1929 **MIES VAN DER ROHE**

1927/33 **PETRI-RABEN**

1932 **BLAISDELL**

1927 **WESTON**

COORS

1933 **WORMLEY**

1934 **LESCAZE**

1934 **AALTO**

1926 **GROPIUS:** Bauhaus, Dessau

1919/33 Bauhaus integrates design and function

1927 **LE CORBUSIER:** League of Nations, Geneva

1927 **FULLER:** Dymaxion House

1929 **MIES VAN DER ROHE:** Barcelona Pavilion
1929 **DREYFUSS** opens office

1929 **NEUTRA:** Lovell House
1930 **WHITTLE** invents jet propulsion

1927 **LINDBERGH** flies the Atlantic
FLEMING discovers Penicillin

1931 **STIEGLITZ**

1933 Radio City Music Hall
1933 WPA begins

1933 **FULLER**

1927 Personnel

Pre 1925

1931 **GEORGE NELSON** graduates from Yale School of Fine Arts
1931/32 Teaching at Yale
1942/45 Teaching at Columbia

Excerpt from a description of Herman Miller by George Nelson in an early catalogue:

It is a small company operating in a small town and by the owners.
But what makes it remarkable is the following set of principles:

1. What you make is important.
2. Design is an integral part of the business.
3. The product must be honest.
4. You decide what you want to make.
5. There is a market for good design.

The program is aimed at establishing a permanent collection; that is, keeping pieces in manufacture until they no longer serve the situation, or until they can be improved.

GILBERT ROHDE walked into the showroom and began to talk about modern design with **D. J. DePREE**. The visit was providential.

GILBERT ROHDE

1933 Design For Living Interiors

1934 House of Tomorrow Interiors

1933

A PICTORIAL HISTORY OF HERMAN MILLER, INC.

1930 **CHARLES EAMES** opens architectural office

1934 **RAY EAMES**

1935 Church, Ar...

1929 First Exhibition, Museum of Modern Art
ALFRED H. BARR, JR., first director

1934 Machine Art, MOMA

Printed by Graphic Press, Los Angeles

1928 Florence studio

1929 **ALEXANDER GIRARD** graduates Royal Institute of British Architects

1929 Italian Pavilion Barcelona Exhibition

1929 Florence studio

1930 Uzielli Apt. Florence

1934 Passy Restaurant, N.Y.

1935 Charles a la Pomme Soufflée

1925   1930

1940 — 1945

Impossible Interview:
Johnson vs Alexander Woollcott

1937 PICASSO

1937 CALDER

HARLOW dies

1939 Gone with the Wind
STEINBECK: Grapes of Wrath

1940 BARNACK

transition publishes
fragments of JOYCE'S
Work in Progress

1941 SCHLUMBOHM

1942 Lucky Strike Green
Has Gone To War

1938 HOUSEMAN and WELLES:
The War of the Worlds

1940/42 MOORE

1944 HARRIMAN dies

LUSTIG

1944 Les Enfants du Paradis
CARNE, director
TRAUNER, art director
PREVERT, writer

1945 FDR dies

1945 New Ba
ARCHI
FULLE

1946 LOEW

1943 CUNNINGHAM choreographs
to music by CAGE

BOGART in The Petrified Forest

1935 MATTER
1936
1936 LANGE

GARBO
tor of Esquire
hedral

1937

1936/39 WRIGHT:
Johnson Wax Building

1937 MOHOLY NAGY founds
New Bauhaus, Chicago

1938 AALTO

1937 LORENTZ: The River

1938 CORAY, BLATTMAN

WRIGHT: Kaufman House

1938/59 WRIGHT: Taliesin West
1938 SARTRE: La Nausée
FADIMAN, ADAMS, KIERNEN, LEVANT: Information Please

1939 NERVI: Hangar, Orbetello

1939 Electron microscope invented

1939 PRESTINI

1940 MIES: Illinois Tech

1938 BONET; KURCHAN;
FERRARI-HARDOY

1941 WILLYS

1940 MATHSSON

1940 WELLES: Citizen Kane

1942 FERMI and COMPTON:
first nuclear chain reaction,
Stagg Stadium, Chicago

1940/47 VERSEN

1942 CAMUS: The Stranger

1945 WILDER: Double Indemnity

1944 IBM presents Mark I to Harvard   **1946** Eniac built

1944 Storage Wall with HENRY WRIGHT

1943/44 Co-ma
Archi
1944/46 Head,
Exper
1948/56 Contr
Interi

1946 GEORGE NELSON
joins Herman Miller

1941 Fairchild House

1943 For Revere: Grass
on Main Street

1945 Tomorrow's House
with WRIGHT

1946

in the modern than in the
ving more utility in less space
m. It was a better background
these reasons it was quite
on to go sled length into modern,
yet no general acceptance for it.
D.J. DePree

1937

BPG
BLUE PRINT GROUP
FURNITURE for
EVERY ROOM

1939

1939

1942

1942   **1942**

1942

1946 CHARLES and RAY EAMES
join Herman Miller

1946

1946

Meyer House
rchitects

1936 EAMES begins fellowship and teaching position
under **ELIEL SAARINEN** at Cranbrook Academy
of Art. Others there include:
DON ALBINSON
ED BACON
BEN BALDWIN
HARRY BERTOIA
MAIJA GROTELL
FLORENCE SHUST KNOLL
CARL MILLES
RALPH RAPSON
EERO SAARINEN
JACK SPAETH
MARIANNE STRENGEL
HARRY WEESE

1940 EAMES and SAARINEN win two first prizes,
MOMA Organic Design Competition,
organized by ELIOT NOYES

1943 For Forum: City Hall

JOHN ENTENZA, publisher and editor, Arts & Architecture

1941/48 CHARLES and RAY EAMES begin experiments with molded plywood
1942 Navy commissions splints and molded parts

1939 STONE and GOODWIN:
The Museum of Modern Art

1941 MOMA Indian Art of the United States,
exhibition by RENE d'HARNONCOURT

1940 ELIEL and EERO SAARINEN, SWANSON win Smithsonian Competition

1938 St. Edwards Church,
Detroit

1943 Office, house,
Grosse Point

1945 Sculpture

1940 — 1945

'50s Products

Over the course of the 1940s decade, Charles and Ray completely revamped accepted notions about furniture. Improved versions of their 1947 prototype FRP armchair and sidechair for the *Low-cost Furniture* competition were taken up for mass-production by Herman Miller, while their Wire Mesh Chair employed skillful placement of wire for increased strength and stability.

Their Lounge Chair and Ottoman designs conversely represented ventures into weightier, higher class territory, as did their Aluminum Group. For although "low cost" figured in their design credo, from the latter part of 1950s they began to design exclusive furnishings that could hardly be called either "low-cost" or "popular" in appeal.

These developments, however, must be viewed in light of major changes in American tastes once the urgent postwar business of fulfilling the minimum standard of living gave way to real economic growth. Having attained the ultimate in modern design in furniture, Charles and Ray once again set a course for the great unknown.

Products of the '60s and Later

While Charles and Ray shifted the focus of their activities to films and exhibitions, the staff under Charles' guidance continued to make more and more new products. The Eames Office stood on a solid foundation of ergonomic design, all furnishings enjoying a reputation for strength and durability. As offices modernized and schools came to upgrade their facilities, Eames furniture penetrated throughout society. In 1960, when commissioned to design part of

the interior for the new Time & Life Building in New York, they created the Time-Life (Executive) Chair, as well as the La Fonda Chair for a restaurant in the same building.
Elsewhere, their Tandem Sling Seating collaboratively developed in the late-'50s for airport seating featured backs and seats stretched over an aluminum frame supported by a sturdy beam-and-leg structure. Likewise, their Segmented Base Tables and Teak & Leather Sofa along with adaptations from many other early designs now found their way into extensive production.

Progress with Herman Miller

Founded in 1905, the Herman Miller Furniture Company strengthened its modern direction with the advent of former architectural editor George Nelson as Design Director. After visiting MoMA's *New Furniture Designed by Charles Eames* exhibition in 1946, Herman Miller Company President De Pree immediately negotiated the marketing rights from Evans Products, took on Charles as design consultant the following year, then finally bought out the manufacturing rights three years later.
Charles and Ray's abundant ambitions and superlative creative abilities underscored all their multifaceted activities with Herman Miller. Up until the mid-'60s, Charles and Ray did all their own graphic design work for sales promotion tools and packaging. Moreover, the display design for their highly original installation in the Los Angeles showroom carried no less impact than their exhibitions, proposing a whole new lifestyle rather than merely introducing new furnishings.

■ イームズ・ストレージ・ユニットの輸送用カートン。
子供のプレイハウスとして再利用できるようになっていた。

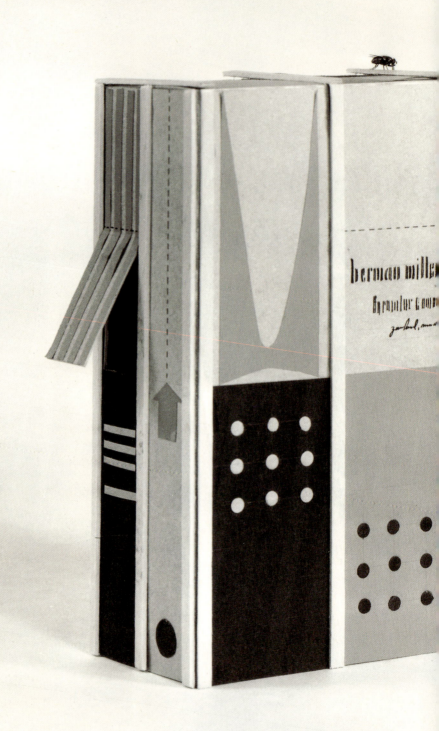

SECTION 5

遊びのデザイン
Design at Play

A ハウス・オブ・カード（パターン）

STEP 1
ものをためよう

わが家では、イケアの大型プラスチック・ボックスをおもちゃ箱にしていて、レゴの緑の箱、ネックス（組み立ておもちゃ）の赤い箱…というように整然と分類されている。これとはべつに黄色い箱があって、ここには「UCO」が入っている。「UCO」というのは、分類不能物体（Un-Classifiable Objects）、つまりポケットやバックパックにたまる雑多な「がらくた」、どこにも分類できないので、これまではときどきこっそりゴミ箱に捨てていたようなものたちのことだ。これらの箱を見ると、フランコ・ラ・チェクラが『ザ・リメインズ・オブ・ザ・トーイ』（おもちゃの残骸）で投げかけた疑問を思い出す。「空白を恐れる大人の心、真空への恐怖は、たとえ遊びの世界でも、整理されていないもの、断片、残骸、あいまいなものに対する余地を許さない。その恐怖の背後には、なにが潜んでいるのだろうか」。[1]

言うまでもなく、子どもは生まれつきのコレクターだ。「子どもが見つけた石、摘んだ花、捕まえた蝶、そのすべてがコレクションの始まりだ。所有するものすべてが、その子の目には一大コレクションとして映る」（ヴァルター・ベンヤミン）。黄色い箱の「まとめる力」に気づいて以来、UCOは「がらくた」ではなくなった。それらは、歴史と、価値と、可能性を持った「もの」になったのである。そのような古いものは、つねに新しい。

チャールズ&レイ・イームズは、子どもと同じコレクターだった。家いっぱいに集めたもの（ロバート・ヴェンチューリの言う「古き良きビクトリア朝風がらくた」）だけでなく、イメージも収集した。彼らは日々の世界の「よきもの」を写真に収めた。それらのイメージ・コレクションはスライドショウとしてまとめられた。1945年に始まったスライドショウの集大成といえるのが、70年代初めにハーヴァード大学で行われた［ノートン記念講義］だ。

チャールズ・イームズのスライド・プレゼンテーションは、「日々の暮らしの豊かさ」を大人と分かちあうものだった。組み立てキット［ハウス・オブ・カード］は、その豊かさを子どもたちと分かちあうために、チャールズとレイがアレキサンダー・ジラードとともに開発したものだった。1952年にデザインされたオリジナル・セットはトランプほどのサイズで、54枚のカード2組で構成されていた。一組はパターンやプリントや表面やテクスチャーの写真、もう一組は日常的なものやおもちゃや日用品の写真が印刷されていた。のちに中型のセットと、［ジャイアント・ハウス・オブ・カード］が作られた。1970年には、大阪万博のIBM館の記念品用に［コンピューター・ハウス・オブ・カード］が作られた。

カードにはさまざまな写真が印刷されていたが、大きさと形は共通だった。それぞれのカードには溝が6カ所あり、ほかのカードとつなげて無限の組み合わせを創ることができた。この組み立ておもちゃは、たったひとつしかないものと大量生産品、特別なものと一般的なものとの関係を、最小限の方法で示している。これはイームズ・オフィスのすべての仕事に共通するものだ。カードの構造には、イームズの自邸の精神──規格化されたパーツを組み合わせて独自のものを作ること、自然界を映しだすこと、内部には手づくりのユニークなものからなるきわめて個人的なコレクションを収めること──が感じられる。

STEP 2
自分の世界を作ろう

今でも子どもは、テレビもプレイステーションもゲームボーイも禁止されると、自分の身体だけをインターフェイスにして、もので遊ぶことがある。キッチンが町に変わり、自分だけの現実に溶けこみはじめると、寝転がって片耳を床につけ、目をトラックのタイヤの高さにする。地平線の上で腕が曲線を描き、ヘリコプターを着陸させる。舌を突き出し、ひたいにしわを寄せ、空想の世界からきしむ音や振動やこする音が響いてくる。子どもは投げだした体を置き去りにして、どこか遠くの世界に行っている。

空想の世界では、子どもはふだん使えない力を授けられる。その

How to Play──遊びかた
（チャールズ&レイ・イームズが生涯忘れなかったこと）

ジェニファー・シグラー（ベルラーヘ・インスティテュート hunch誌編集長）／岩本正恵 訳

力があれば、自分の世界を作って支配できる。「子どもは使用者ではなく、創造者なのだ。彼の創る人形は、歩き、回転する。彼が創るのは所有物ではなく生命だ。物体はみずから動き、手のなかでぐったりもつれていようともはや関係ない」。(ロラン・バルト[2])1957年に制作された[おもちゃの汽車のトッカータ]は、そんな空想の世界へ誘う映画だ。カメラに写らないところでは、イームズ夫妻とアシスタントたちが、彼らの世界を組み立て、動かし、ぜんまいを巻いている。だが、イームズ夫妻は子どものように自由奔放に、自発的に「遊んで」いるわけではない。この「創造者」は意識的で計画的な監督であり、ストーリーボードを使い、慎重に小道具を選び、完璧な編集をして、それらのものに対する敬意を表している。これらのおもちゃは「本物」のミニチュアや幻影として描かれているのではなく、おもちゃであることを強調して描かれている。これらはおもちゃとしてのおもちゃ──古くて、いじられて、愛されたおもちゃなのだ。

イームズ夫妻のカメラは、床に寝転がった子どもの視点からそういうおもちゃを見せる。私たちはその重さやもろさ、はげた塗装や車輪の回転を感じる。これらのおもちゃは、意図的に郷愁をこめて記録され、讃えられている。「このごろは本物のおもちゃを作るわざが失われてしまったようです」とチャールズはイントロダクションで語る。「古きよきおもちゃには、マテリアルの使いかたに意識的なところがあります…木の部分は木、ブリキの部分はブリキ、鋳造部分は美しく鋳造されています」。[3]

イームズ夫妻が最初に作った映画[旅する少年](1950)は、トランクを持った日本製のぜんまい人形が主人公で、この人形がほかのものたちにつぎつぎ出会ってゆく物語だった。[おもちゃの汽車のトッカータ]も[旅する少年]も、「分類不能物体」を収集せずにはいられないイームズ夫妻の強い思いから生まれた映画で、彼らのコレクションを保存し、分かち合う方法でもあった。だが、映画にはたんなる収蔵庫や在庫目録にとどまらない価値がある。ものをさまざまに組み合わせて無数のシナリオを作ることで、ものの動き、動かす方法、生命を吹きこむ方法を示している。[おもちゃの汽車のトッカータ]はものそのものを讃えるだけでなく、遊びの世界のなかのものの姿を見せている。

STEP 3
自分で決めよう

子ども時代の最大のフラストレーションは、無力さだろう。2歳の子は、自分の思いどおりにならないとかんしゃくを起こす。やがて子どもは、スーパーマーケットでは、足をじたばたさせて泣き叫んではいけないことを学ぶ。そのあとはずっと、自分で決断する能力を試して再定義する方法を探りながら生きていくことになる。そうやって、言われたとおりにすべきときと、自分の道を貫くべきときを理解していくのだ。

遊びのなかには、権限を試せる世界を提供するものがある。たとえばアメリカの昔ながらの遊び「サイモン・セッズ」。ひとりの子がサイモンになり、残りの子はサイモンの言うことをよく聞いて、言われたとおりにする。「両手を頭の上にのせて」「片足で立って」──サイモンが思いついたことは、なんでもやらなければならない。もちろんみんなサイモンになりたがる。ところが、自信満々だったまねっ子は、ほかの子たちの前に立ったとたんに不安になる。ボスになるのはちょっと怖い。いざやってみると、自分のアイデアを出すのはだれかのまねをするより難しい。

あらかじめ定義されているおもちゃの人気の理由も、ここにあるのではないだろうか。テレビ番組のキャラクター人形のように、あらかじめ創作されているもののほうが、抽象的で一般的な人形よりもよく売れる。キャラクター人形のように、きわめて具体的に決まっているおもちゃのほうが、サイモンになることを促す──自分ひとりで大胆に考えて創作することを促す──おもちゃよりも安心して遊べるのかもしれない。1952年、イームズ夫妻が[ハウス・オブ・カード]を作った年に、ロラン・バルトは[神話作用]のなかで遊びの問題をつぎのように論じている。「冒険的ではない行為が子どものために用意されている。…子どもは慣習に縛られた小さな主

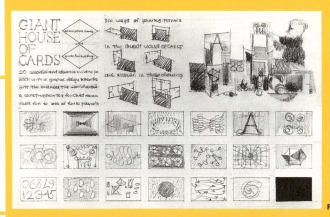

B-E イームズ邸を飾るさまざまなオブジェとディスプレイ(レイ撮影)
F,G ジャイアント・ハウス・オブ・カードの説明書のスケッチと組立例

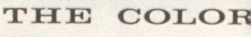

THE COLOR

CONTAINS:

16 CRAYONS · 32 CLIPS · 8 COLORED
SHAPES TO PUNC
INSTRUCTION SHE

DESIGNED BY CHARLES EAME
FOR TIGRETT ENTERPRISES
66 East Walton Place, Chicago 11, I
200 Fifth Avenue, New York 10, Ne

INTO A MERMAID,
A SWAN, A BOY INTO
AN MAKE A BIRD SWIM

E GROUND LOOKING UP AT THE
E SEE IN THE CLOUDS OFTEN
THING TO ANOTHER. A FACE
AND A RABBIT BECOMES A SAIL-

H

SHAPE CAN BE MANY DIFFERENT

G TOY

WITH 49 DIFFERENT
AND THIS

TO MAKE A JUMPING JACK
you need:

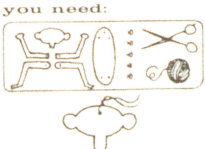

1 Punch a hole through the head and tie a string through it.

4 Attach the head, ar legs to the body w enclosed clips.

5 Pass the leg string under the arm string

2 Cut notches on arms and legs

人になり、大人の因果律の理由を自分で考える必要すらない。それらはすぐ使える状態で子どもに与えられ、子どもはそれを使うだけでよく、自分で小道をたどってみる必要すらない」。[4]

チャールズ&レイ・イームズは、この「小道」を遊びのなかにとり戻そうとした。1955年に作られた[カラーリング・トーイ]には、子どもに向けたメッセージが添えられていた。「想像してみましょう。あなたは魔法使いです。女の子を人魚に、ちょうちょを白鳥に、男の子をさるに変身させることができます。鳥を泳がせることも、魚を飛ばせることもできます…」。セットには、クレヨンと、抽象的な形を打ち抜いたシートが入っており、色を塗って、形を抜いて、くっつけることができるようになっていた。このおもちゃは、形と色を思いがけない組み合わせで結びつけて、本物、あるいは想像上のものを作る練習だった。

[カラーリング・トーイ]は、子どもを「魔法使い」に変え、限られた所定のセットに潜む無限の可能性を解き放つ力を与えた。[トーイ]と[リトル・トーイ]は、同じ互換性という原則を3次元に応用したものだ。この2つのおもちゃは、こんなメッセージを発している――きみはまわりの空間を思うままに支配できる。このマテリアルをどんなふうに組み立てるかは、きみが決めるんだ。さあ、組み立ててみよう！ 組み立てた後は、なかに入って遊べるようになっている――[トーイ]には子どもたちが入れるし（イームズがデザインした動物のお面をかぶるのもいいだろう）、[リトル・トーイ]にはもっと小さな子や、動物や、乗りものが入れる。

だが、現実を考えてみよう。今日の子どもたちは、ちょうちょを白鳥に変えるのと、ディズニーの『ライオン・キング』のぬり絵に――主人公シンバが、悪いアンクル・スカーとの最後の戦いに挑むクライマックス・シーンを、明快な線で描いた絵に――色を塗るのと、どちらを選ぶだろう？　たいていはシンバの勝ちだ。なにしろシンバは、優秀な人たちがあらかじめ創作してくれているのだから――筋書きはシェイクスピア、声はマシュー・ブロデリック、サウンドトラックはエルトン・ジョンだ。

子どもに人気だからといって、かならずしも「悪いおもちゃ」とはかぎらない。ディズニーのビデオ、ポケモンカード、テレタビーズ、バービー人形、あるいはレゴのようなブロック（今はかつてほど抽象的なデザインではない）でさえも、それぞれに想像力をかきたて、クリエイティヴであり、教育的でありえる。無数の電子ゲームも同じだ。しかも電子ゲームは、次の世代が生き抜くためには欠かせない技能を身につけさせるものでもある。だが、これらのイームズのおもちゃは、なんでもない積み木が永遠のものである、あるいは一本のえんぴつには無限の力があるのと同じ意味で「よいおもちゃ」なのだ。イームズのおもちゃには、潜在力という大きな空白が残されている。そこではだれもがサイモンになる。つぎに起きることを決めるのは、あなた自身だ。

[1] Franco La Cecla, "The Remains of the Toy," *Kid Size: The Material World of Childfood* (Milan: Skira/Vitra Design Museum, 1997).
[2] Roland Barthes, *Mythologies*, 1952.
[3] Charles and Ray Eames, *Toccata for Toy Trains*, 1957.
[4] Roland Barthes, 前掲書。

H, J カラーリング・トーイ
I トーイの試作品を組み立てるレイ
K イームズのおもちゃにかこまれた子供たち
L リトル・トーイを組み立てて遊ぶ子供たち
M トーイ・マスクを付けて踊るイームズ・オフィスのスタッフ

K

Design at Play

Few designers have tackled play so earnestly as did the Eames. But of the many different playthings they created for mass-production, only their House of Cards remains on sale today. They especially loved "found objects" from daily life and their travels, and they collected a "pattern deck" of patterned papers made of various materials and a "picture deck" with images of all kinds of "good stuff."

Emblazoned with a world, these standard unit-size cards can be freely assembled into different sizes and shapes, thus sharing a common concept with the Eames's furniture and architecture.

Similarly, their Toy and Little Toy also allowed for free assembly of modular units, while their Coloring Toy could take on different meanings according to how it was colored in. Everything was left up to the imagination of the person playing. Universality, flexibility and simple beauty—these are the hallmarks of the Eames's playthings.

SECTION 6

コミュニケーションのデザイン ── 映画と展覧会の冒険
Communication Design:
Experiments in Films and Exhibitions

A

世界中で愛される椅子をたったひとつ生み出すだけでも至難の業だというのに、チャールズとレイは映画の世界でも珠玉の作品を数多く誕生させた。処女作［旅する少年］を作ったのが1950年。チャールズが亡くなるまでの28年間に作った短編映画は125点以上に上る。この圧倒的にマルチな創造力の持ち主は、あらゆる職業のジャンルを超越したルネサンス人間とでも言うしかない。

ふたりの映画づくりの姿勢は、映画監督や映像作家のそれとは異なっていた。彼らにとって映画とは、写真やスケッチと同様、記録して自分の理解を深めるためのツールであり、ひとつのコンセプトを明快に表現するための手段だった。チャールズは語っている。「自分たちの映画は実験映画でもなく、厳密には映画でさえない。単にひとつの思考を理解させる試みに過ぎない。」*36
映画というメディアが持つ制約と取り組みながらコンセプトを明瞭に表現していくプロセスは、ふたりにとって、自分たちの創作意欲を満足させ、楽しむための格好の場所だったに過ぎない。そうした動機とプロセスは、モチーフを展開させながらひとつの音楽構造を追求したクラシックの作曲家のそれに近いかも知れない。

［旅する少年］で初めて映画を作ることになったきっかけは、脚本家のフィリップ・ダンが16ミリ映画の編集機を貸してくれたことだった。さっそく16ミリのキャメラを借りてきて、スタジオと制作装置を手作りで用意し、おもちゃを主役にした短編映画を作ってみた。それが映画の大冒険への扉となった。

ふたりの映画との関わりは以前からあった。戦争中、チャールズはMGM（米国の映画会社）の美術部でセットのデザインをしていた時期もあったし、恐らくはジョン・エンテンザを介してビリー・ワイルダーとの親交も始まっていた。成型合板家具の実験で苦労をともにした写真家のハーバート・マターからは、35ミリのキャメラの使い方や映画の技法を教わっていた。

しかし映画づくりのバックグラウンドとしてもっと重要なのは、ジョージア大学やUCLAのためにジョージ・ネルソンと新しい美術教育のシステム［仮カリキュラムのサンプル講義のための素案］を開発したことだろう。彼らはスライド、映画、グラフィック、テキストを一斉に並べて見せるという、ミックス・メディアのプレゼンテーションを考え出した。それが後に複数のプロジェクターを使ったマルチスクリーンのベースになったと思われるが、映画の構成においても、チャールズとレイは35ミリのスライドを直線的に並べ、16ミリの映画に変換するという手法をよく使っている。

ふたりが映画に使ったテーマは遊びであり、数学やコミュニケーションの理論であり、展覧会や万博の風景であり、新しくデザインした家具だった。コンセプトを分かりやすく伝えることへのこだわりは、

6-1　映画──遊び、教育、椅子

A 撮影中のチャールズ
B「おもちゃの汽車のトッカータ」撮影中のレイ

c

例えば「10歳の子供にも、宇宙物理学者にも訴えるよう＜腹で感じる生の感動＞を作り出すこと」[*37]を試みたという［パワーズ・オブ・テン］にも見事に昇華されている。

イームズの映画にはもうひとつ大きな魅力がある。それは、日常風景に隠れているディテールの美しさや「もの」の豊かさを発見する喜びを伝えていることだ。アスファルトの校庭に広がってゆく水と泡の、アモルフな美しさ。パンの表面や切り口の、肌理の饒舌さ。図面の上でスピンする画鋲のシンプルな機能美。自邸の居間に所狭しと並べられたオブジェの、声なき賑わい。束ねられた紙、薪、綱のディテール…。

映画とは無数のフレーム（画像）を直線的に構成したものであり、フレームをどう組み合わせるかで骨格が決まる。もののディテールの美しさを伝える実撮画像は、まるで観客がその場で実際に体験しているかのように、素直に、自然に構成されている。そこでは、おもにエルマー・バーンスタインが映像に合わせて作曲・演奏した音楽も、大きな効果を発揮している。

ふたりはまた、たくさんの画像を矢継ぎ早に見せていき、被写体そのものというより被写体どうしの関係を見せるというテクニックも好んで使った。映画監督のポール・シュレーダーは映画評論家時代にこう分析している。「観客は過剰な量の情報を素早く取捨選択していかないと、映画の進行についていけない。この取捨選択の作業は、観客が余分なものを完全にそぎ落とし、ひとつの思考に到達するまで続く。（イームズは）観客が吸収しきれない量の情報を与えることによって、ふだんの論理的な思考回路をショートさせる。映画の古典的な手法は＜追跡＞だが、彼らの映画は一連の情報の中でひとつの思考を探し求めさせるという、新しい追跡の手法を打ち出した。」[*38]

1950〜60年代の映画界では、シネマ・ヴェリテやヌーベルバーグといった新しい映画の実験が行われていた。しかしシュレーダーから見れば、ロブ＝グリエもゴダールもレネも、ロマンチックな作家性を捨てきれていなかった。彼にとって「真の革新者」は「映画界がもっとも待ち望んでいる＜新しい思考伝達の手法＞を生み出したイームズ夫妻」だったのである。20世紀後半に現れたルネサンス人間チャールズとレイは、椅子をモダンに革新したのと同じように、映画でもまったく独自の世界を開拓して、革新の風を送り込んだのだった。

C,D「おもちゃの汽車のトッカータ」撮影風景（1956ca.）

A 「パワーズ・オブ・テン:ラフ・スケッチ」の撮影風景（1968）
B 撮影風景

6-2 ［パワーズ・オブ・テン］についての小考察

イームズ・デミトリアス（映像作家）

［パワーズ・オブ・テン］は、一言で言えば、極めて単純明快な映画である。上映時間は9分。シカゴはミシガン湖からそう遠くない芝生の上でピクニックをするカップルに、タイトルと簡潔なクレジットが重なり、映画は始まる。食事の後、男は寝そべって昼寝をし、女は彼の脚に身をもたせながら読書を始める。ここから、映画は残りの8分をかけて「ワンショット」で宇宙の果てまでたどり着き、男の手の中の原子の核まで潜っていくのである。しかしながら、この単純さの中に、特筆すべき宝が潜んでいる。

ここで重要な事は、［パワーズ・オブ・テン］がイームズ夫妻の「反復をしない」という仕事の姿勢、プロセス、さらには哲学の総括となっているということだ。1977年制作のこの映画は、「スケール」についてふたりが考え続けてきたことに一区切りをつけたものだった。その概念の根源は、クランブルックでエリエル・サーリネンが教授した中に遡ることができる。チャールズもレイも、サーリネンが常にひとつ小さいところから、また、ひとつ大きい見地から物事や問題を見つめることについて語っていたことを思い起こしていた。ただそれ以前の、チャールズの1931年のクリスマスカードにセントルイスの［パワーズ・オブ・テン］を彷彿させる光景が残されていることや、レイの1931年代後期の、陽子をモチーフにした抽象表現も無視はできない。しかしながら、チャールズとレイにとって、哲学的基準となったのはサーリネンの言葉であり、この意味でこの映画は哲学的作品だということができる。文字通り、一歩下がって視野を得ることを体現した作品なのだ。ふたりが出会ったキース・ブーケの著書『コズミック・ヴュー』（1957年刊）が、こうした概念についての「映画を作る可能性を示唆した」とレイは語っている。そして常にそうであったように、チャールズとレイにとって可能性を追求する最善の方法は、実際にそれを行動に移すことだった。

1977年に制作された［パワーズ・オブ・テン］は、実際にはこの映画の3つめのヴァージョンであった。1963年に夫妻は1分か2分足らずの短いデモ版を撮影している。ますます速度を増していく指数的増加についての映画の制作法を知るために、チャールズとレイは自分たちにとってもっとも自然なことをした。つまり一編の

C ピクニックの場面の撮影風景（1977）
D ピクニックの場面のスチールの上にのせた飛行機の模型（1968）

映画を制作してみることであり、できたものを彼らは[トラック・テスト]と呼んだ。これは完成された映画といえるものではなく、途切れることなく加速していく動きのイリュージョンを、ひとつの連続したトラッキング・ショットで作り出せるかどうかの試作品である。この作品は、無声の単なる技術的試作であったため、上映されることはほとんどなく、また外部の人間には一切公開されていない。[パワーズ・オブ・テン]のタイミングとは若干異なり、やや加速の割合がゆるやかである。チャールズとレイは、「マスマティカ展」以来の友人でありコンサルタントであったレイ・レッドヘッファーに、各々のカメラ位置を決定するのに必要な数字である$240\sqrt{10}$を算出するよう依頼している。本質的には3つのヴァージョンはすべて(各々の指数の最初から始まり)、次の指数へと辿り着くまで絶えず増加運動を続け、それを繰り返すというカメラ手法を用いたアニメーションである。そのテストは、道具としての、また自然的過程の一部としての映画の無意識の効果を再度明らかにするという意味において、重要であった。

イームズ夫妻がこのアイデアを映画にしたもののうち、初めての完成版となったのが[パワーズ・オブ・テン:宇宙における相対物に関する映画のためのラフ・スケッチ]である。まず、タイトルに注目していただきたい。他の多くのイームズのプロジェクト同様、「模型性」あるいは「素描性」といった性質を身につけているのがわかる。夫妻は、そのようなアプローチによって、コンセプトにもっと焦点を合わせることができると感じていた。

この映画で視聴者はジュディス・ブロノウスキーによるナレーションに注意を引かれるだろう。イームズ・オフィスのスタッフであり、この映画のリサーチを先導した人物である(制作のもうひとりのキーパーソンはパーク・ミークであった)。ブロノウスキーの声は極めて自制され、超然としている。実際、[パワーズ・オブ・テン]よりも[ラフ・スケッチ]での空間の果てに、視聴者はより孤独感を感じることと思うが、その大部分は抑制のきいたナレーションのためである。

今日においても、[ラフ・スケッチ]と[パワーズ・オブ・テン]それぞれの比較的価値はイームズの映画ファンにとって重要な話題となっている。白黒画面は荒削りな魅力と初期の試みの本来の姿を持ってはいるが、カラー画面の鮮やかさ、精密さ、また圧倒的な視覚美も否定できない。ともに賞賛すべき映画であるが、[パワーズ・オブ・テン]では、教材的価値(これは需要であるわけだが)を上げ、また視聴者がそこから自信を持って推測することができるような直感的体験を与えるよう、[ラフ・スケッチ]にあった特異性が削ぎ落とされていることは明白である。

カラー版では、チャールズとレイはモデルを認識することよりもリアリズムを一貫して追究することを選んだ。その最大の効果は、カメラの旅が10^{-16}メートルの画面いっぱいに放たれた色とりどりの点で終わる[パワーズ・オブ・テン]の最後に訪れる。ナレーションは、「これらが密接な相互関係にあるクォークだということはありえるだろうか」と述べる。20年後、クォーク理論が証明され、クォークが10^{-18}メートルほどの大きさであることがわかった。今日のイームズ・オフィスでは、オリジナルの10^{-16}のコマをCD-ROMのために100倍に拡大してみたが、するとそこに現れた点はクォークのあるべき大きさとぴたりと一致したのである。しばしば起こった事だが、イームズ夫妻の直感は的中したのだ。フィリップ・モリソンやジョン・フェスラーといった科学者と共働し、効果を上げたが、夫妻はそのプロセスで、彼らに指示を求めるのではなく教えを乞うことによって、理解を深めていった。

イームズ・オフィス関係者の間では、[パワーズ・オブ・テン]は間違いなくひとつのエッセイ(試論)だと言われている。それは新しいヴィジョンの試論という意味だけではなく、それ以上に制約について教示した試論だという意味である。[パワーズ・オブ・テン]はあまりに壮大なため、実はきわめてフォーカスが絞られた作品だということが忘れられがちである。旅のすべては、たまたまシカゴにいたある男の手の原子ひとつに集約されている。それでいて、単純に視点を変えるだけで、その旅は文字通り宇宙の姿を露わにするのだ。

この映画は、具体的なものを普遍化させるというイームズ的概念を純粋にしているという意味で、ケーススタディ・ハウス#8や成型合板の椅子と同じなのである。彼らは常に、自分たちの内なる普遍的な部分を満足させようとしていたのだ。そこに我々は、制約というものが持つ解放の力を見るのである。

(近刊書『イームズ入門』より抜粋)

0.000001 ångstroms

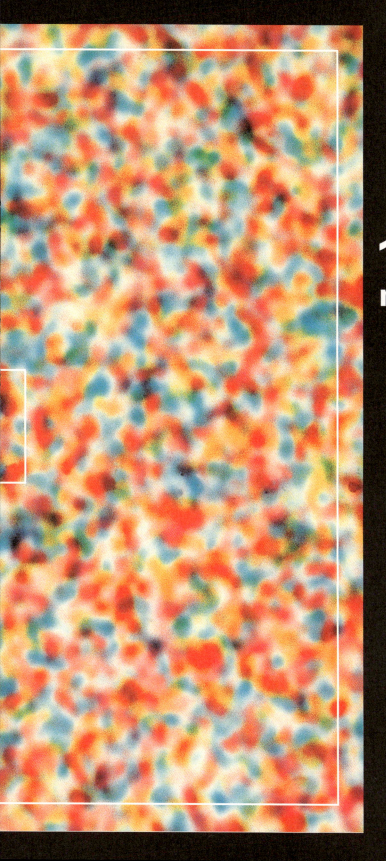

10⁻¹⁵ meters

A

6-3 企業文化のパイオニア

A オフィスのライティング・ウォールで写真を選ぶチャールズとレイ
B アルコア社のために製作した[何もしない機械]

企業と社会を繋ぐ

ポラロイド、ウェスティングハウス、アルコア、ボーイング、CBS放送、そしてIBM。チャールズたちはアメリカの大企業と社会とを繋ぐための、クリエイティヴなコミュニケーションにもエネルギーを注いだ。企業との仕事の多くは映画の制作だったが、一貫していたのは、革新的な製品を宣伝するためというより、企業が社会に提案する新しい文化や思考そのものを伝えようとしたことだった。誰にでも分かる方法で、しかも楽しい気分を味わってもらいながら。

1957年、大手アルミニウム製造メーカーのアルコアが依頼してきた仕事は、アルミニウムを使ったおもちゃのデザインだった。それを雑誌広告に載せて、キャンペーンするという。デザインの条件として、軽量で、光を反射するアルミニウムの特性を太陽エネルギーの利用に結びつけることが指定された。試行錯誤の後に完成したのが[Do-Nothing Machine]（何もしない機械）である。この作品は『タイム』誌や『ライフ』誌の広告に掲載された。

1960年にはCBS放送が[黄金の50年代]という番組制作を持ちかけてきた。海岸の風景、音楽、ドゴール政権、有名人、コミック、日常の冒険という、6つのクリップで構成されたこの番組で、チャールズとレイはエミー賞（グラフィック部門）を受賞している。62年には20世紀初頭の歴史的事件を描いた[グッド・イヤーズ]が、同じくCBSで放映された。

1960年代初期には大手電機メーカー、ウェスティングハウスがチャールズをデザイン・コンサルタントに迎えた。これはかつてMoMAのインダストリアルデザイン部長としてチャールズの個展を開き、その後IBMのコーポレート・デザイン部長となったエリオット・ノイスの働きによるもので、彼はウェスティングハウスのデザイン・コンサルタントにもなっていた。チャールズは12分の短編映画を作ったが、これは同社の製品はもちろんのこと、会社のパンフレット、広告などからありとあらゆる素材を集め、無数の画像をパッパッと見せていく、斬新なクイックカットの構成だった。

ボーイング・エアクラフト社のために制作した短編映画[リーディング・エッジ]（前縁、1966）は、SSTという超音速輸送機を解説する映画で、政府認可を受けるための企業キャンペーンとして作られた。コンピューターを駆使して飛行機を設計・製造するSSTを解説することは、コンピューターの情報処理と活用に大きな関心を持っていたチャールズにとっては、特に創作意欲をかき立てられる仕事だったに違いない。

インスタント・カメラのパイオニア、ポラロイドとの仕事は1972年に始まり、イームズ・オフィスは4本の短編映画を制作している。新製品をフィーチャーした[SX-70]（1972）と[写真について]（1976）、インスタント・ムービーカメラで撮った2分半のクリップ集[ポラヴィジョン]（1977）、そしてオートフォーカス・カメラをテーマとした[ソナー・ワンステップ]（1978）。いずれも新製品の紹介や解説にとどまらず、その場で見られるインスタント写真がいかに実用的で、いかに創造を刺激するツールであるかを楽しく語っている。

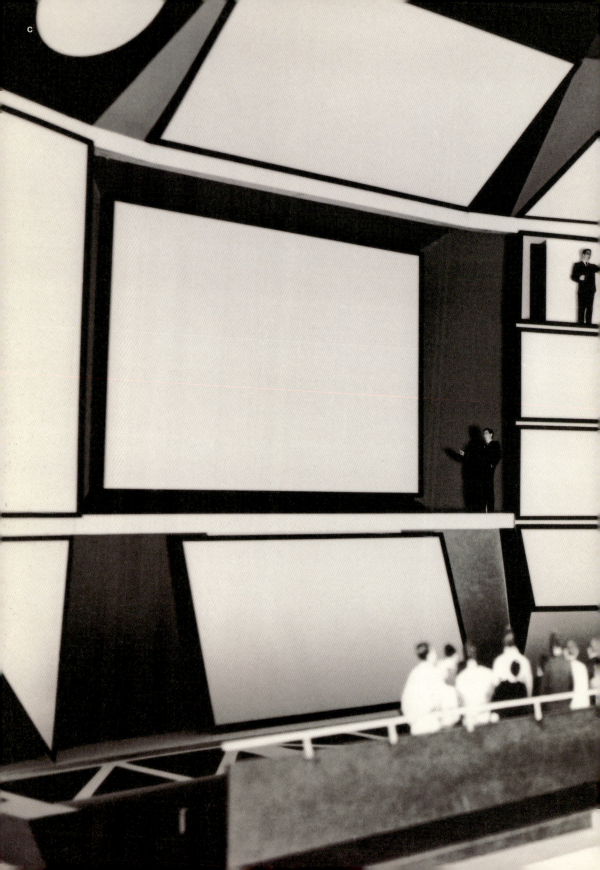

C ニューヨーク万博(1964)IBM館のシアター模型
D IBM館のピープル・ウォール
E IBM館シアターの外観(エーロ・サーリネン設計)

イームズとIBM

チャールズたちがIBMのために初めて行った仕事は、1958年ブリュッセル万博IBM館で見せる短編映画［情報の機械：創造的な人間とデータプロセッサー］の制作だった。依頼人はあのノイスである。彼は20世紀アメリカのインダストリアルデザイン界にもっとも重要な貢献をした人物とさえ言われる辣腕のプロデューサーで、自らも有名なIBM電動タイプライターをデザインしている。当時の彼は建築家のエーロ・サーリネンやCIデザイナーのポール・ランドも起用してIBMの画期的なCI活動を開始し、オリベッティなど他の強豪に対抗していた。

優れたデザイン、そしてクオリティの高い洗練されたコミュニケーション活動——このふたつをマーケティング戦略の柱としたノイスの考え方は、IBMの進歩的な企業理念を具体化するものだった。今日のIBMを築いたトーマス・ワトソン・シニアは、1910年代の昔から教育活動に力を入れるという先見の明の持ち主で、50年代に社長の座に就いたトーマス・ワトソン・ジュニアは、父の遺志を引き継いで「Good design is good business」という企業モットーを打ち出し、戦友だったノイスを起用して独創的な企業文化を築き始めていた*39。評論家レイナー・バンハムはこう書いている。「IBMの揺るぎない指導力は終身デザインコンサルタントのエリオット・ノイスによるところが大きい。…彼が（IBMに）参加してきたという歴史的事実によって、IBMはコンピューターの外見に大きな影響を及ぼすことになった。」*40

チャールズはIBMのデザイン・リーダーとなったノイスに、さっそく短編映画［コミュニケーション入門］(1953)を送った。それを見たノイスとワトソンはいたく感心し、［情報の機械］の制作を依頼したのだった*41。当時のIBMは、計算機とタイプライターのメーカーから世界的なコンピューター企業への大転換期にあった。企業のリ・エンジニアリングの一環として社会的な教育・文化活動を重視したノイスとワトソンにとって、チャールズの提案する社会とのコミュニケーション手法は、ずばりIBMが必要としていたものだったのだろう。

その後、チャールズたちがIBMのために作った短編映画には、教材として作られた［フィードバック入門］(1960)、ニューヨーク万博IBM館で使われた［ミッドヴェイルでのコンピューターの日］、［緑の口ひげ事件］(1965)、サンアントニオ世界博IBM館の［コンピューター用語］(1968)、ニューヨークIBM企業展示センター展示用に作られた［コンピューターの風景］(1971)などがある。［コミュニケーション入門］はチャールズがUCLAでの講義用に作ったものだが、後にIBMも社員教育用に使い始めた。

国際映画祭で賞を取ったものもあるこれらの映画は、無数の情報を処理するために人間が到達した知恵の結晶としてコンピューターを捉え、誰にもなじみのある体験や興味深いエピソードに結

びつけながら、分かりやすい語りで構成している。ナレーションの脚本はたいていチャールズ自身かスタッフのグレン・フレックが書いた。

1964年から65年にかけて開催されたニューヨーク万博のIBM館では、建築設計をエーロ・サーリネンが担当し、イームズ・オフィスは展示設計、映像制作、グラフィックとサインデザインを任された。パヴィリオンのテーマは日常生活に役立つコンピューター。屋外ではイームズ・オフィス制作の人形劇やパネル展示が行われたが、圧巻は卵形の空中シアターで行われたマルチスクリーン・ショウ[THINK]だった。客席は「卵」の真下に位置する巨大なデッキに、上から下まで約400の椅子が埋められており(ピープル・ウォール)、客席が埋まると司会者が上からスーッと降りてきて挨拶し、こんどは客席デッキがシアターに向かって上昇する。マルチスクリーンの構成は大きなサイズが14枚、小さなサイズが8枚で、動画、写真、アニメーションがさまざまな組み合わせで同時進行した。上映時間は30分。

「THINK」という言葉はワトソン・シニアが打ち出したIBMの企業モットーでもあった。何十万人もの人々の感動を呼んだこのIBM館の様子は、短編映画[万博のIBM](1965)、[ピープル・ウォールからの眺め](1966)に記録されている。

イームズ・オフィスはIBMのために展覧会「コンピューターの遠近法」とたくさんの小規模な巡回展もデザインした。ほとんどはニューヨークのIBM企業展示センターで初公開され、1971年に始まった「コンピューターの遠近法」では先に挙げた短編映画のほか、展覧会と同名の記録映画(1972)と本(1973)も制作しており、本はハーヴァード大学出版局から出版された。

もうひとつ、IBMで重要なのは双方向ビデオディスクの映像コンテンツ開発である。1978年、イームズ・オフィスはこのニューメディアとコンピューターを繋ぐプログラムの提案を依頼された。そこで彼らは[アート・ゲーム]と[マーリンと時間飛行]というゲーム方式の短い映像プログラムを作ったが、残念ながらいずれも製品化には至っていない。

チャールズが亡くなるまで20年あまり続いたIBMとの関係は、デザイナーと企業との理想的なコラボレーションのかたちと言っていいだろう。ワトソン・ジュニアとノイスはチャールズたちの創造性に全幅の信頼と期待を寄せることによって、一企業が社会や文化に対してここまで貢献できるということを示してみせた。ワトソンは自筆の手紙の中で、チャールズとレイを「私の成功と会社の成功に何年も貢献してきた」人々であると称えている。

一方、チャールズたちは、映画や展覧会を介した大勢の観客とのコミュニケーション・デザインを開拓する機会を得た。そして、妥協のない創造のアプローチと開拓者精神によって、IBMの提案する新しいテクノロジーとその可能性を理解させ、難解と思われがちな科学と日常生活とを結びつけるという大役を果たしたのである。

イームズの名を世界的に広めたのは家具のデザインだったが、チャールズとレイが映画に加え、展覧会というメディアでも希有の才能を発揮した人々であったことを忘れてはならない。展覧会は映画と並んで、視覚的な方法でメッセージを伝える表現メディアである。映画はひとつの枠を使い、時間の流れの中で一コマ一コマ画像をどう並べるか、その編集技術が大きくものを言う。一方、展覧会の場合には枠は会場全体であり、人間が空間を移動する時間の流れの中で何をどう置くかが、編集者ならぬデザイナーとキュレーターの腕の見せどころとなる。それを空間と時間のエディトリアルデザインと呼ぶこともできるだろう。

イームズ・オフィスが手がけた最初の大規模な展覧会は、1961年、ロサンゼルスのカリフォルニア科学博物館で開かれた「マスマティカ展：数の世界…そしてその向こう」だった。チャールズが展覧会というジャンルに初めて挑んだ際に意識したことのひとつは、「ワクワクさせるもの」と「ジョーク」を展示コンセプトに入れることだったという*42。情報をただ真面目に羅列するのでなく、楽しみながら体験できるシナリオがないと展覧会はうまくいかない、というのが彼の一貫したポリシーだった。

「マスマティカ」でチャールズたちが開発したのは、オブジェとしても美しいインタラクティヴな実演装置、そして壁面展示のレイアウト方法である。後者は写真、絵、図、テキストのすべてがひとりの観客の視野の中にまとまって入るようコンパクトに構成するというもので、観客は上下左右に目を動かすことによって情報を好きな順番で読みとり、好きなように解釈することができるようになっていた。

この展示レイアウトの手法は1965年ニューヨークを皮切りに欧米を巡回した「ネール：その人生とインド」、1971年に始まったIBM主催の「コンピューターの遠近法」、1975〜76年に欧米各国を巡回した「フランクリンとジェファーソンの世界」など、以後の展覧会デザインの基礎となったが、中でも「コンピューターの遠近法」には一段の飛躍があった。展示用の壁を、一枚の平面からガラスで覆った立体、つまりショウケースに膨らませ、コンピューター部品を含む無数の素材を空間的にレイアウトしたのである。観客が身体の位置を動かせば、後ろに隠れていた展示物が見えてくる。まさに遠近法を活用した展示デザインである。この展覧会にはハーヴァード大学教授のバーナード・コーエンとオーウェン・ギンガリッチがコンサルタントとして協力した。

1969年パリの装飾美術館で行われた「デザインとは？」は国際的なグループ展で、イタリアのジョエ・コロンボ、ドイツのフリッツ・アイヒラー、デンマークのヴェルナー・パントン、フランスのロジェ・タロン、そしてアメリカのチャールズ・イームズが招かれた。ここでは床から天井まで延びるパネルの上に、アミック夫人と彼との「Q＆A」が写真とともに展示されたほか、3台のプロジェクターを使ったマルチスライド・ショウも行われた。内容は2年前、スミソニアン博物館でも上映された［政府、教育、マネージメント］（G.E.M.）だった*43。

最後の大規模展となった「フランクリンとジェファーソンの世界」は、アメリカ建国200周年の記念イベントとしてメトロポリタン美

6-4 世界で行われた展覧会

A,B 「マスマティカ」展

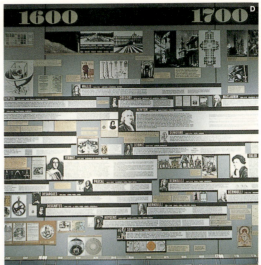

C,D 「マスマティカ」展
E 「コンピューターの遠近法」展のウォール・ディスプレイ
F 「フランクリンとジェファーソンの世界」展
G-J マルチスクリーンの［アメリカの一日］より
K 模型を撮影するチャールズとレイ

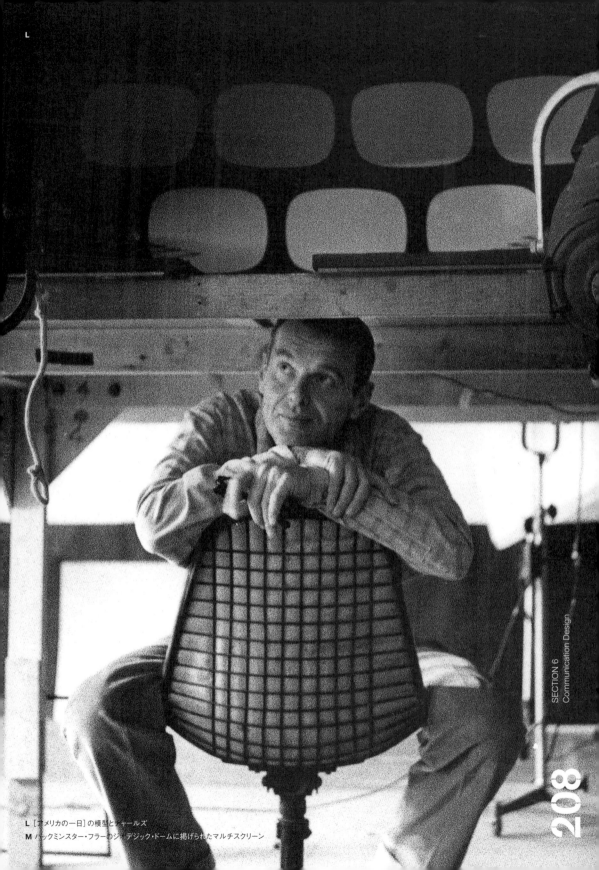

L [アメリカの一日]の模型とチャールズ
M バックミンスター・フラーのジオデジック・ドームに掲げられたマルチスクリーン

術館の協力とIBMの協賛を得て開催され、パリのグラン・パレ、ポーランド国立博物館、ロンドンの大英博物館、メキシコシティの国立人類学博物館、そして米国内の主要美術館を巡回した。特に興味深いのは、観葉植物や鉢植えの花を活用してリラックスした雰囲気を作り出したことと、「モノリス」と呼ばれた四角いトーテムポールのような展示システムを作って、空間構成に変化をつけたことである。

さて、展覧会と並び、視覚体験のデザインとしてもうひとつ重要なメディアであるマルチスクリーン・ショウについても、ここで語っておきたい。もっともスペクタクルな要素が強かったのは1964年ニューヨーク万博IBM館での［THINK］だったと思われるが、チャールズが初めてマルチスクリーン・ショウに挑んだのは1959年、米国情報局がモスクワで主催したアメリカ博での［アメリカの一日］だった。

展示会場はバックミンスター・フラーが設計したジオデジックドーム。展示構成は最初に依頼を受けたジョージ・ネルソンと情報局のジャック・メイシーとのコラボレーションによって行われ、上下2列に配列された7つのスクリーン上に、無数の動画と写真が13分間めまぐるしく映し出された。映像はすべてイームズ・オフィスの制作で、彼らは2200点以上の写真や映画を集め、35ミリのフィルム7本に焼き起こした。1962年にはシアトルのセンチュリー21世博でも同じスタイルのショウが行われた。

チャールズは混乱しない範囲で複数の画像を一度に見せることにより、映画とは違った視覚体験が作り出せると考えた[*44]。それは1953年、カリフォルニア大学（UCLA）の講義で使ったマルチスライド・ショウから発展したアイデアである。複数の写真や映像を同時に見て、複合的な関係から意味を読みとるというのは、無意識にでも人間がふだん当たり前にやっている営みである。展覧会もマルチスクリーンも、視覚体験をうまく複合させれば、その営みを、心に訴える強烈な体験に変える力を持っている。そのことをチャールズは誰よりも知りぬいていたのではないだろうか。

M

N ［アメリカの一日］の模型から顔を出すチャールズ

イームズといえば、60年代中ごろまでは、機能美と素材感に溢れたイスや家具のデザイナーとして知られ、私自身、当時から熱心なイームズ・デザインのファンの一人であった。しかし、そのイームズが、知的で、詩情に満ちた短編映画の作家であり、科学史から身近な自然や人間観までの幅広い視野から、優れた映像展示や展覧会を構成する卓越した展示デザイナーでもあることを知ったのは、67年のモントリオール万博視察後、ロサンゼルスにイームズの工房を訪ねて以来のことである。

実は67年の万博会場に、突然降って沸いたようなマルチ・スクリーン方式の映像の氾濫に驚き、その起源を現地で探るうちに、イームズが59年にモスクワのアメリカ博会場用に7面スクリーンの作品を制作していたことを知った。その試みが、映画史上では1927年のアベル・ガンス監督の「ナポレオン」以来であったことも知り、なぜいま再びマルチなのかを、直接本人に会って聞いてみたくなったためである。

イームズ夫妻との個人的な出会いはそのときが初めてだったが、ワシントン通り901番地の工房（オフィス901）を訪ねると、気さくに応じてくれた。アメリカという多民族の文化を紹介するには、従来の時系列的な1面スクリーンでは不十分で、多様な価値の共存の姿を紹介するには、一見渾沌としていてもその多元的なイメージのコラージュで描く方がいい、というイームズの多面スクリーンへの思いを、そこで初めて耳にしたのである。いまにして思えば、彼はすでに50年代から、表現メディアはそのコンテンツにもっとも相応しいものを作り出すべきという、情報化時代のいまを先取りするような意識で新しい表現方法を探っていたことがわかる。

イームズとの再会は、1970年暮れから1971年春にかけてハーヴァード大学で開かれた数回のノートン・レクチャーの講師としてチャールズとレイ夫妻が招かれたときであった。当時、同大学のニーマン研究員として1年間ボストンに滞在していた私は、述べ数日間に及ぶ夜の特別講義の時間に、彼らがそれまでに制作してきたスライドや映画の秀作を、ときに1面、ときに3面のスクリーンで伴奏音楽を背景に見せながら、ユーモアー杯に学生たちに話しかけていくのに接して、圧倒される思いがしたものである。最初のモノクロ版の「パワーズ・オブ・テン」を見たのもそのときが初めてだった。講義が終わってから私はイームズ夫妻にその感動を伝えたが、そんなことがきっかけにもなって、私自身、日本とアメリカを往復するたびに、機会を見つけてイームズ・オフィスを訪ねるのが習性のようになってしまったほどである。

イームズ・オフィスの応接ロビーのテーブルには、夫妻が世界の旅で見つけてきた、可愛らしく、美しい民族玩具や新工夫のからく

りがいくつも置かれていて、待つ客を退屈させない。やがて中に招き入れると、毎回レイ夫人は、おいしい野菜スープを暖めてご馳走してくれ、その後、数人入れる試写室で新作の映画を見せてもらうのが決まりのようになっていた。ワシントンD.C.に建設計画の進んでいた新しい水族館の紹介のために、工房内の水槽では、さまざまな魚も飼われていて、その魚をテーマに新しい映画も制作していた。あの［小さなクラゲ］や、［水族館］などもここで作られたはずである。しかし、あの海の砂浜の断面を巨大なドームのなかに再現して、人工的な潮の満ち引きのなかで多様な水棲動植物の自然な生態を見せるというイームズ自身も参加したユニークな構想の水族館が、経済的、政治的な理由からから、結果的には実現しなかったのは心残りでならない。

イームズのおもちゃ好きは、いまでも有名な語り草になっているし、幾つかの映像作品にもその気持ちがにじみ出ているが、工房のなかで出会った多彩な遊び道具のなかで、70年代後半に特に私を魅了したのは、高さ数メートルもの工房の天井まで届く立体オ

見るものの創造意欲を駆り立てるイームズの作品

坂根厳夫（国際情報科学芸術アカデミー、情報科学芸術大学院大学学長）

ルゴールであった。手製のやぐら状の構造体に、市販のおもちゃのシロホンを分解した金属板の鍵盤を何十枚も集め、最上部から音楽の音階とリズムに沿って、順々に間隔をとって並べた独特なオルゴール。観客がその足下の空気入れを思いきり押し下げると、マーブル（大理石の玉）が気圧の勢いで最上段にまで打ち上げられ、一番上の鍵盤から順々に、音楽を奏でながら降りてくるというユニークなアイデアであった。当時、東京・大手町にできたIBMの展示場に、私自身が「サイエンス・アート画廊」と称する展覧会を企画する準備を進めていた際でもあり、レイ夫人に許可を得て、このオルゴールの複製を日本で制作することまで考えたこともあった。実際には会場の天井が低くて、イームズ・オフィスのような魅力的な演出効果が出せないと知ってあきらめたが、いまでもこのアイデアは魅力的で、どこかでいつかぜひ再現してほしいものである。

その後レイが「パワーズ・オブ・テン」の新版のフィルムをもって来日し、六本木の国際文化会館で披露してくれたときには、新旧二つの版の比較を通じて、ずいぶん多くのことを学んだ。イームズがアメリカ物理学会のためにMITのフィリップ・モリソン博士から依頼され、オランダのキース・ブーケの著書［コズミック・ヴュー］（1957年）にも触発されてこの映画を作るまでに至った経緯を聞くと、イームズの仕事自体がまた、常に見るものをして、次々に創造力をかきたてる連鎖反応の源泉であったことを、いまにして思うのである。

彼の映像眼に潜む幅広い文化人類学的な興味と、同時に知的で緻密な分析力に裏付けされたなみなみならぬ好奇心は、どこかで人類の原初の発見の喜びにも通じるものがある。あの［コマ］の持つ遊び心と、［サーカス］にみる道化たちへの共感は、民族や文化の違いを超えて人間みな同じという思いを誘うし、［マセマチカ——数の世界とその彼岸］と称する科学博物館の展示には、視点を変えてみることで、無数の違った意味が現われるなぞ解きの楽しみにも通じていて、この世界の不思議な魅力へとこどもたちを誘いかけていく。しかも、その楽しい世界の見せ方を最高のものに仕上げるために、チャールズとレイの二人はいつもコンビで話し合い、あの海辺に近いイームズ・オフィスで、多くの若い仲間に囲まれながらアイデアの触発ゲームを続けていたのである。

そのチャールズとレイはもう共にいないが、彼らが残した沢山の家具と映像と展示作品の数々は、いまでも見る人を触発して、次々にイマジネーションの連鎖反応を誘いかけ、次の世代へと創造への無限循環を続けていくようである。

イームズが、時代を先取りした実験精神に富んでいたことは、50年代に友人のデザイナー、ジョージ・ネルソンらと、当時の学生の創造精神を刺激するために、においのでる映画の構想まで立てたり、沢山の実験用の素材を準備したり、若者たちの連想作用を触発するために、一見無関係にみえる森羅万象のイメージをサンプルとして集めてきて、その間に自由な関係性を発想させるトレーニングのカリキュラムまで用意し、実際にワークショップ［サンプル・レッスン］まで開いたことなどにも現れている。単なる体系的な知識の詰め込みでなく、自由な発想の訓練がいかに若者の創造力を触発するのに役立つかを、自らの体験を通じて知っていたからこそ、イームズ自身、いつまでも好奇心のかたまりのように無邪気に素材を集め、映画カメラを回して、膨大な数の見事な映像作品や展覧会を生みだしたのである。

いま、私たちにとって必要なのは、イームズのようにいつまでも子どものように無邪気に、しかも執拗に、自然や人間の文明や文化の間に秘められた新しい関係性を発見しようとする好奇心ではないだろうか……。

O［サンプル・レッスン（仮カリキュラムのサンプル講義のための素案）］より（1953）
P［コンピューターの遠近法］展の模型

Film as Visual Exploration of Ideas

In the 28 years prior to his death, Charles made over 125 short films with Ray. For him films were documentary tools for deepening his own understanding, as well as a means of clearly expressing a given concept.

One of the fascinations of Eames's films is their cheerful ability to uncover the beauty of details and abundance of things hidden in our everyday landscape. Likewise, by screening numerous images rapid fire, their way of focusing on relationships between objects more than even the objects themselves.

As then-film critic Paul Schrader put it: "The classic movie staple is the chase, and Eames's films present a new kind of chase, a chase through a set of information in search of an idea."

Many new experiments were tried out in the world of '50s to '60s cinema, but to Schrader the real revolutionaries were Charles and Ray Eames. Just as they had revolutionized the modern chair, they broke their own unique new ground in cinema.

Corporate Culture Pioneers—Linking Industry and Society

Charles and Ray also poured considerable energy into creative communications between America's big corporations—Polaroid, Westinghouse, Alcoa, Boeing, CBS, IBM—and society. This work consisted of films for the most part, but consistent throughout was the endeavor to convey the new cultural vision that industry sought to propose to society.

For aluminum manufacturer Alcoa, they designed toys made out of aluminum. For Polaroid, they made four

short films that not only introduced new products, but went to touch lightly upon their practicality and creativity.

Their first work for IBM was the short multi-screen show *THINK* presented at the IBM Pavilion of the 1964-65 New York World's Fair, in which moving images, photographs and animation moved about in diverse simultaneous combinations. And in their many later exhibition designs for IBM, Charles and Ray reached what might be called an ideal collaborative relationship between designer and corporation.

Worldwide Exhibitions

The Eames's first large-scale exhibition was *Mathematica: A World of Numbers...and Beyond*, for which they developed a wall display of photos, illustrations, diagrams and texts all composed into a single layout, allowing viewers to move their eyes around the overall field of vision, read information in any order and interpret freely. This method was to be the underlying design for other later exhibitions. Along with these exhibitions, another important medium for designing visual experience was the multi-screen show. Charles' first such attempt was *Glimpses of America*, a seven-screen presentation of 13 dizzying minutes of moving and still images in the American National Exhibition at the Moscow 1959 U.S.S.R. and U.S.A. exchange. In exhibitions and multi-screens, Charles knew better than anyone the amazing potential for combining images to render a powerful total visual experience.

SECTION 7

語り継がれるもの
The Eames Legacy: Their Works Lives On

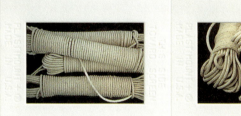

SECTION 7
The Eames Legacy: Their Works Lives On

7-1 語り継がれるもの

モダンなもの、モダンであること——「モダン」という言葉はどんな人間にとっても抗しがたい魅力を持っている。ところが、この「モダン」あるいは「近代」への変化をめぐって、世界ではさまざまな葛藤が繰り広げられてきた。グローバル化が進む中で人々が抵抗を禁じ得ないのは、近代化がある種の暴力を伴わずにはおかないからだし、建築やデザインの世界でも、「モダニスト」と呼ばれる人たちが合理主義や禁欲的なスタイルを押しつけようとして大きな反発を受けた。

チャールズとレイはまさに「モダン」を象徴するデザイナーとして広く受け止められているが、人間の営みを狭い美意識や価値観の中に押さえ込もうとするのが「モダニスト」だとするなら、彼らは決してそのカテゴリーには入らない。家具にせよ、映画にせよ、展覧会にせよ、チャールズやレイたちがどんなことを思い描き、どんなプロセスを経て作品を生みだしていったかを理解すれば、そのことは明らかである。彼らがモダンだったとすれば、新しい時代の可能性を先取りして生活を一新しようとした、その姿勢が何よりもモダンだったのである。

彼らの新しいライフスタイルへの夢は、例えば［イームズ邸］のインテリア、ハーマンミラー社や「グッドデザイン展」のディスプレイの中で再現された。そこでは日常生活や自然の中から見つけ、旅先から持ち帰られたさまざまな品が家具のまわりにあしらわれ、空間を彩った。このハイブリッド感覚と、人間を取り巻くすべてのものへの暖かなまなざしこそ、じつはチャールズとレイの巨人的な創造力を支えていたものではないかと思う。

チャールズは1970年、視覚コミュニケーションとデザインにおける業績を称えられて、ハーヴァード大学の［ノートン記念講義］の教授に指名された。そこで同年秋から翌年春まで6回の連続講義を行ったが、彼はその中で「get on with the business of life」というフレーズを何度も繰り返している。つまり人間の営みの中で発生するさまざまなことに応えていく、という意味なのだが、いかにもアメリカ人らしい単純な言葉の組合せの中に、彼の哲学が隠されているように思えてならない。スタイルや美意識が最初にあるのではない。あくまでも実際的な（プラグマチック）アプローチで人間のしぐさ、欲求、感情、好奇心、快感といったさまざまな「営み」に向けて何かを差し出し、コミュニケートすることが、彼のデザイナー精神であり、生き方だったように思うのである。

彼にはものを見る確かな目があった。それは彼が優れた写真家だったことにも証明されている。そして、人間を取り巻く品々へのまなざしには、つねに愛情と尊敬の気持ちが溢れていた。その豊かなまなざしと観察力を通して生まれたデザインだったからこそ、「モダン」と呼ばれる彼らの家具が、いつの時代にも人をなごやかな気持ちにさせるのではないだろうか。

最後にチャールズのまなざしを伝える［ノートン記念講義］の一節を紹介して、エピローグに替えたい。1971年3月に行われた第4回講義で、彼は33枚のスライドを3枚ずつ並べて映し出しながら、噛んで含めるように学生たちに語った。亡くなる7年前のことだった。このまなざしを心にとどめ、語り継いでいきたいと思う。

「Goods」

「もの」というのはじつに魅惑的です。

布地には独特の魅力があります。布地を見ると、『マンリー・パーティ』のミセス・マンリーを思い出します。デス・ヴァレーに置き去りにされ、砂漠を横断し、インディアンと対決しなければならないというとき、彼女は持っていた布をすべて身にまといました。どうしても手放せなかったのです…駅にいる男とは違う理由で。

布地そのものの外見、動き、感触——布で何を作るか、何を縫うかではなく、布地そのものの魅力があります。そしてロープのかせも魅力的です。

どうでしょう、このごろはもうロープはかせでは売っていないでしょうか。おそらく物干し綱はかせで売っているように思います。かせは互いにつながっているように並んでいます。これだけで完璧な感じがします。かせをほどくのがもったいない。そのままとっておきたくなります。

リールに巻かれた綱もみごとです。これはハリヤード、帆を上下させる動索です。すばらしい。船具屋などで売られているようす。巻きついているようす。この細部。これもまたすばらしいものです。
糸玉。糸玉を捨てるなんてできません。糸玉にはなにか特別なところがあります。封を切って使いはじめる直前の瞬間。まるで封印されたような状態の糸玉は、手放したくなくなるもののひとつです。糸玉の入っているあの鉄の道具もすばらしいですね…。下から糸を引きだすと、永遠に出てくるような気がします。
小さな樽に入った釘。樽に入った釘もすばらしい。家で何かを使いはじめるとき、かならず「釘の樽を開ける」と言う人がいるでしょう。このごろは家庭に樽入りの釘はありませんが、何かを使いはじめるときの、あとは減る一方のものを使いはじめるときのシンボルです。
箱入りのお菓子。これも樽入りの釘に似ています。最初のひとつに手をつけたときは、樽入りのりんごもそうですが、まだまだあると思うものです。樽入りの釘もそうですが、いつのまにかなくなってしまいます。
紙束。夢に見たことがあるでしょう（笑）。じつに美しい。紙束の持つ魅力には、なかなか匹敵できないですね（笑）。
封を切った包みにも独特の魅力があります。隅が破けているようす、まるで誘っているようです。最初の一枚を取りだすときの、あの特別な感覚。なにかが変わるような、あの感覚…。
箱入りのチョーク。チョークは箱に入って並んでいるときが一番すばらしい。箱にもさまざまな種類があります。このごろでは箱入りのチョークにめったにお目にかからなくなりました。チョークの粉はよく見ますが…。
薪の束。ある時期にはこのうえないあこがれの対象です。薪にも、あの感覚、最初に手をつけるときのあの感覚があります。最初の一本を取り出すと、もう束は崩れてしまう。そしていつのまにか、薪の束はなくなってしまいます。
これが「もの」です。
　　　Goods

（「Goods」＝岩本正恵 訳）

The Eames Legacy—Their Work Lives On

The word "modern" carries irresistible appeal for almost every human alive. Charles and Ray are now widely accepted as designers who came to symbolize all things "modern," yet more than anything it was their very stance in seeking to innovate living by picking up on new possibilities ahead of their time that strikes us as particularly modern.
Their dreams of a new lifestyle were reproduced in such designs as the interior of the Eames House. The many different things they found in daily life and nature to spice up our rooms. Without a doubt, Charles and Ray's enormous creativity was supported by truly hybrid sensibilities and the warm gaze with which they embraced humanity. They had a sure eye.
Moreover, their regard for the things that surround us was always filled with love and respect. And because their designs were born of such rich vision and powers of observation, their "modern" furniture still brings comfort and ease to people decades later.

EAMES ARCHIVE
イームズ・アーカイヴ

チャールズ・イームズとの対話――1977

オーウェン・ギンガリッチ
(ハーヴァード大学天文学・科学史教授)
岩本正恵 訳

チャールズ&レイ・イームズ夫妻のワークショップから生まれたアイデアのなかには、現代デザインに最大級の影響を与えたものがいくつもある。たとえば、ニューヨーク近代美術館(MoMA)の永久収蔵品になっている、数々の賞を受賞した椅子、オリジナルなコンセプトと手法で開発されたマルチメディア・ショウ、1976年にパリのグラン・パレで開幕した「フランクリンとジェファーソンの世界展」に結実した、一連の展示企画などである。

カリフォルニア州ヴェニスにある改装された自動車修理工場が、イームズ夫妻の長年のワークショップだ。建物の外観は地味で素っ気なく、今も「24時間故障車レッカー・サービス」「フェンダー&ボディ修理」の文字が残っている。建物内には、「三次元版『ホール・アース・カタログ』」とたとえられる作業場が広がっている。アンティーク玩具、アヴァンギャルド・ポスター、展示の模型、映画フィルム編集機、ビープショウなど、雑多なものが散らかった環境で、チャールズ・イームズ、妻のレイ、そして20人ほどの職人からなるスタッフが、十数件のプロジェクトに同時に取り組んでいる。壁にはさまざまなものが場所を争うように貼られている――先日UCLAで開かれたイームズ回顧展のスナップ、古い記録、現在再上映中の『パワーズ・オブ・テン』の各シーン。いくらか隔離された映写室で、3スクリーン・スライドショウ[トール・シップス]を見たあと、私はチャールズとふたりで語りあう機会を得た。

オーウェン・ギンガリッチ(以下G):ほとんどの人は、きみの名前を聞くとまず椅子を思い浮かべるだろうね。「コペルニクス展」のオープニングにあわせてスウェーデンのアルランダ空港に着いたとき、きみがまわりを見て「みんな僕の椅子だ」と言ったのを今もよく覚えてるよ。
チャールズ・イームズ(以下E):たぶん「みんな僕らの椅子だ」と言ったと思うが。
G:まあ、いい。
E:僕が「僕の」と言うとは考えにくいな。
G:いずれにしても、あの椅子はきみのデザインを基に作られていたわけだ。あれは北欧製のコピーだったのかい、それとも輸入されたオリジナルだった?
E:あのころはすでにヨーロッパでライセンス生産が始まっていたんだ。だが、正直な話、スウェーデンの空港に着いたのに、目にしたのが優れたスウェーデン製の椅子じゃなかったのにはがっかりしたよ。まるでヨーロッパのレストランでカンザスシティのステーキを出されたようなものだ。とりわけ北欧では、旅行者にその土地特有のクオリティとある種のエキゾチックな体験を楽しませてもらいたいものだね。
G:たいていの人はきみをデザイナーと呼ぶわけだが、きみ自身は自分は建築家だと考えているだろう?椅子はそれとどういう関係があるんだい?
E:前に話したことがあると思うが、僕らはすべてを建築と考えているんだ。椅子も建築だし、映画も建築だ。新聞の第一面に構造があるのと同じように、映画にも構造がある。椅子はまさに「ミニチュア建築」なんだ。建築家にとって建築物をコントロールするのは難しい。工事業者やもろもろの圧力がのしかかってくるし、何をするにも金がかかる。だが、椅子の場合はほぼ等身大で扱える。だから偉大な建築家たちは椅子に関心を持つのさ。フランク・ロイド・ライト、ミース・ファン・デル・ローエ、ル・コルビュジエ、アールト、ユーリ・リネン――数えきれないほどの建築家が椅子を手がけている。その理由は、実際に自分自身の手で作れるからさ。
G:「デザイナー」という言葉がいやなの?
E:「デザイナー」という語に違和感があるというよりは、「建築家」という言葉とそこに含まれる意味のほうが好きなんだ。「建築家」という言葉には、構造とある種の分析という意味、そして一種の伝統が含まれている。あるとき、オックスフォードで絵画と彫刻について話したら、学生に詰め寄られてね。「ご自分をなんだと思っていますか」と訊かれたんだ。自分では職人のつもりだと答えた。質問は、自分をアーティストと思っているのかという意味だったんだが、僕は自らアーティストと名乗る人間に困惑していてね。僕の感覚では、アーティストというのは他人から与えられる呼び名なんだ。どんな分野でもアーティストになれるが、自らアーティストと名乗る資格を手に入れるのは、自ら天才と名乗る免状を得るのと同じことだよ。

僕は職人だと名乗っているが、優れた職人というのは、自分が本当に興味あるものだけを扱うものだ。職人は、クライアントと興味が一致する部分で、クライアントのために問題を解決する。クライアントが興味を持っていても、自分に興味のない問題に取り組むことは、自分にとってもクライアントにとっても正しいことではない。それが職人気質というもので、その意味で僕らは職人なんだ。仕事が十分に優

れていればアートになる可能性がある。だが、アートは製品ではない。アートはクオリティだ。その点がときに見失われがちだがね。どんなものにもクオリティは存在しうる。

G: 椅子のことだが、どれも特許を取っていないという話は本当なの?

E: いや、そんなことはない。1930年代の終わりから40年代の初めにかけて僕らが取り組んでいた成型合板技術は、航空機にしか使えないような非常に高価な技法だった。僕らの関心は、成型合板をいかに安価に作るかにあった。もろもろの事情で、この技術に関する6件か8件の事項には特許を取らなければならなかった。同時に、初期の椅子の一部も、デモンストレーションとして特許を取っている。僕らが力を注いでいたことのひとつが、いくつかの特徴を備えた硬質の表面を持つ椅子を作ることだった。その特徴というのは、人体に応じた快適性を最大限備えており、同時に、一目見ればすべてが明らかで、謎がなく、製作技術が美の一部であることだ。僕らはこの点を強く念頭に置いていた。というのも当時は正反対の考え方で作られたものが非常に多かったからだ。つまり、実際には現代技術で大量生産したものを、あたかもパリのゴブラン織ワークショップで作ったように見せかけるようなことさ。

僕らはそんなことを考えていたんだ。特許は取った。最初のうちは、特許は保護という点で貴重な財産だった。けれどもすぐに、特許を考えながら仕事をすると——つまり、特許を取れるものと取れないものがあるわけだよ。だが、特許を取れるものと取れないものの区別は、優れた適切なものと、劣った不適切なものとの区別とは全然違う。禁断の実を食べて、つまり特許を取って特許使用料を稼ぐ考えに染まってしまうと、かならず優れたデザインよりも特許を取れるデザインにしたくなる誘惑にかられるものだ。

ヒンドゥ教の叙事詩「バガバッドギーター」にこんな一節がある。「結果に不安を抱きつつ行った仕事は、忘我の平安のうちに行った仕事にはるかに劣る」。友人やコミュニティに認めてもらえるか、特許は取れるか、というような不安はかならず粗悪な仕事につながる。

G: では椅子に特許を取るのはやめたのかい?

E: クライアントに向かって「この特許は取るな」というのは不当なことだ。だから僕らは「クライアントが特許を望むなら、それはクライアントの問題だ」という原則に至った。クライアントの利益になるなら好きにすればいいが、こちらとしては特許が取れるようにデザインをひねるようなことは一切しないという原則だ。その結果、驚くべきことが起きた。露骨なコピーが登場しても、特許の有無に関係なく、水際で政府の担当官に拒否されてしまったんだよ。あらゆる細部までそっくりだという理由でね。

オリジナルの椅子、「イームズ・チェア」と呼ばれた最初の椅子は、成型合板製で、非常に細い金属製の脚がついていた。現代家具の歴史の本にはかならず古典として取りあげられている。これまで手がけた椅子のなかで、あの椅子だけはとことん配慮したといえるかもしれないな。国内で成型プラスチック・シェルのイミテーションが初めて登場したとき、ハーマンミラー社は戦々恐々となった。だが、じきに心のなかではそんなに怒ることでもないとわかったはずだ。というのも、コピーが出るたびに、オリジナルの売り上げが増加したんだよ。

G: きみの一番有名な椅子はコピーが広く出回っているね。

E: きみが言うのは、ダウンを詰めた黒革張りのラウンジチェアのことだね。この椅子はたくさんの人を楽しませてきたようだが、僕自身はほかの椅子に較べて優れた解決案だと思ったことはないんだ。あの椅子にはある種の醜さがある。(アリス・B・トクラスの本で)ピカソがガートルード・スタインを通じて語った言葉に僕は慰めのようなものを感じている。ピカソはこんなことを言ったんだ。「真にオリジナルなものはごくわずかに醜いところがなければいけない。なぜなら洗練に伴う上品さを得るまで研ぎあげられる機会がなかったからだ」ってね。オリジナルのラウンジチェアと75種類の異なるコピーの写真をまとめた本が、10年ほど前にドイツの出版社から出版されているよ。

G: 贋作は心配じゃないのかい?

E: 家具デザインや建築の世界では、本当に心配なのは劣悪なコピーだ。自分のアイデアがまぬけなやりかたで使われるような場合ね。自分のアイデアをだれかがよりよい方向に深化させるならかまわない。まあ、最初は心穏やかではいられないとは思うが。

G: きみがその意見を重んずるような人たちは、イミテーションをイミテーションとして見ているのだろう。だが、まだ揺籃期にあるアイデアの場合はどうやって守るの?

E: この仕事をしている人間のあいだでは、世界中で通用する「道徳的特許」のようなものがあるんだ。きみも知っているように、エーロ・サーリネンと僕はよく一緒に仕事をした。特に若いころは密接に仕事をすることが多かった。(エーロは10年ほど前に亡くなった)。1939年、エーロと僕は共同で家具に取り組み、ニューヨーク近代美術館の「オーガニック家具デザインコンペ」に優勝した。建築家としての彼は、競争心が強いことで有名だ。彼と組んで競争するのは楽しいが、敵に回したら恐ろしいことになる。その後もエーロは家具のデザインをつづけ、ノル社が製品を販売している。僕らの家具はハーマンミラー社が販売している。

僕とエーロはいい関係だったんだが、エーロは真夜中に電話をかけてきては頭のなかにある椅子のデザインをまくしたてる癖があってね。デザインの細部の細部まできっちり話し、それがすむと、今度はそのデザインが使われる可能性のある状況を列挙しはじめる。頭に浮かんだことを片っ端から僕に話すんだ。しまいに僕は「もういい、もう聞きたくない。切るからな！」と言う。それでも彼はまじないのように使用法を列挙しつづける。僕に話せば、それが彼の「道徳的特許」になるからだ。今も建築家たちは同じようなことをやっている。頭に浮かんだアイデアをすぐに友人に話すんだ。特に最大のライバルになりそうな相手にね。

G: 若いころのエーロときみの共同作業は、どんなふうだったんだい？

E: こんな感じさ。真夜中の午前3時ごろになると——クリエイティヴ・プロセスというやつとなにか関係があるのだろう——絶望的になった僕が「ほかにどうしようもないなら、茶色（brown）に塗ろう」というようなことを言う。するとエーロが「なんだって？　そうだね、丸く（round）しよう！　それが答えに決まってるよな。情けないな、思いつきもしなかった。丸くするなんてさすがだな、名案だよ」と言う。すると僕は「ちょっと待て、誤解だよ。僕はつまらないことを言っただけだ。茶色って言ったんだよ」と言う。

「また僕をおだてるのかい？　僕はちっともアイデアが浮かばないのに、きみは次々出してくる。僕は本当にだめだ」

「僕は『茶色』って言ったんだ」

「またそんなこと言って」

エーロとの会話は、ある評論家のことを連想させる。その評論家はほめちぎった書評を書くから、本が格上げされて感じられるんだ。それを読んだ著者が「こんなこと書いたっけ」と思うほどね。

G: さっき合板の椅子の話のなかで、マテリアルの誠実さというようなことを言っていたが、アンティーク玩具がたくさん登場する傑作映画［おもちゃの汽車のトッカータ］の冒頭でも同じテーマが述べられているね。

E: 誠実に作られたおもちゃには、マテリアルが無意識的に使われている。［おもちゃの汽車のトッカータ］はそれを描いているんだ。『ブリキはブリキ。木の部分は本物の木。たいていの鋳造部分は美しく鋳造されている』。複雑な機関車を模したブリキ製のおもちゃの列車は、ブリキを錬鉄や鋲止めされたプレートなどに見せかけようとしているわけではない。マテリアルそのものが、おのずから語っている。

G: 自分は建築家であると考えることと、クリエイティヴなおもちゃ作りをすることのあいだには大きな距離があるように思うのだが、おもちゃもミニチュア建築なのかい？　そうだとすればその根拠は？

E: おもちゃはミニチュア建築というよりは、ミニチュア科学だね。水力学の多くの部分は、機械力学として確立する前からおもちゃやディスプレイや仕掛けに取り入れられている。静電気は、科学として研究される前からおもちゃの世界で利用されている。

G: 原始的な科学としてのおもちゃをテーマにした展示を考えたことは？

E: ああ、ある。特にある種の論理的、数学的ゲームに関するものをね。そのような展示を実際に作ったこともある。IBMトレーニング・センターのために制作したので、一般公開はされなかったがね。取り上げたおよそ30の数学ゲームは、ほとんどが古く、なかには大昔のものもあった。

おもちゃとゲームの展示は、重要な使い道があると思う。たとえば洗練された日本画の展覧会を開くとする。洗練の極みにあるものは、原始的な要素とあまりに隔たっていて、われわれの経験にはエキゾチックに感じられることが多い。この手の展覧会の入口には、減圧室のようなものを用意したらいいと思うんだ。今話したようなおもちゃや、なじみ深いゲームや儀式を見せる。洗練された美術を見る前にそのようなものを見て、観客がうまく順応できれば、より洗練度の高い芸術を理解する非常に重要な一歩になるというのが僕たちの考えだ。

●

こうして会話は、イームズ・オフィスが過去20年間にデザインした一連の展示についての議論に移った。展示の多くは数学や科学がテーマで、IBMがスポンサーだった。展示制作の技術とモティヴェーションは、イームズ夫妻が創案し開拓したマルチメディア作品にも通じるものである。

●

G: マルチメディアはいたるところで急速に広がっているね。まるでファストフード店のようだ。パンドラの箱を開けてしまったように感じることはある？

E: ひとことで答えれば、イエスだね。20年ほど前に、ワイヤーの技術を使って家具を作ったときの状況に似ている——ワイヤーの技術はショッピングセンターのカートのようなものについては非常にうまくいっていたから、ワイヤーで家具を作ってみたんだ。あとになってその亡霊に悩まされたよ。どうしようもなくキッチュなものがどっと出てきてね。「大変だ、とんでもないことをしてしまった」と悩むはめになった。マルチメディアもある部分は同じだね。

G: 「マルチメディア」というのは、誤った名称ではないかね？

E: そう、まちがっている。ほとんどの場合、複数のイメージを提供す

るという意味で使われている。あるいは、映画は、音と映像という複数の媒体を用いているから、すべてマルチメディアということになってしまう。われわれが1950年か51年に制作した初のマルチメディア作品［仮カリキュラムのサンプル講義のための素案］は、本当の意味でマルチメディアだった。この作品は、スチルと映画の関係のように、異なる種類の画像を用いているだけでなく、匂いや音という感覚的なものも用いている。音も多用した。極めて大きい音量にして、実際に振動が感じられるようになっている箇所もある。音と匂いと異なる種類のイメージを初めて導入したという意味で、僕らはマルチメディアを始めたといえる。なぜそんなことをしたかといえば、意識を高めたかったからさ。

G: その当時、きみがマルチメディアという語を最初に使ったのかい？

E: いや、違う。僕らはマルチメディアをショウではなく道具として扱いたいと強く思っていた。匂いはとても効果的だった。匂いにはふたつの役割があった。合図に合わせて出ることと、幻想を高めることだ。興味深かったのは、台本に匂いの合図ではなく、匂いのヒントしか書かれていない箇所で、実際に匂いを感じた人が何人かいたんだ。機械のオイルのような匂いをね。

G: そういうショウを試してみたいと思ったきっかけは？ きみのモティベーションは、現在数多く制作されているマルチメディアのモティベーションとは違っていたのだろうか？

E: われわれが困惑しているのは——「困惑」というのが適切な語だとすればの話だが——サイケデリックな効果を狙って、過剰なイメージをめまぐるしく変化させるものが横行していることだ。僕らのショウが他の一部のショウと違うのは、マルチメディアを特定のはっきりした目的で用いていることだ。［サンプル講義］では、1回の授業という短い時間に、一番の基本となるマテリアルを可能なかぎり詰めこもうと考えた。ジョージ・ネルソン、アレキサンダー・ジラード、レイ、そして僕は、ジョージア大学の依頼を受けて、一部の学校の抱える問題について研究することになった。それらの学校では、学科ごとに必要な幅広い基礎知識を生徒が十分に学んでいなかった。プールした謝礼を資金にして、報告書のかわりに典型的なクラス向けの教材を作ることにした。教材は、広範囲な素材を提供し、それを土台に教師が議論を始められるものにしようと考えた。言い換えれば、50分間に起きることを見れば、背景知識の不足をある程度補うことができて、なおかつ教師が自由に発展させる余地が残っている、そんな教材だ。

G: どんなテーマを選んだのかい？

E: いい質問だね。この作品はある特定の日の授業にすぎないことを明確にしたうえで、コミュニケーションというテーマを選んだ。のちにこの作品を編集して、IBMのために［コミュニケーション入門］を制作したが、それは［サンプル講義］のごく一面にすぎない。

たとえば、過去の芸術作品であるシャルトル大聖堂は、今日でも、当時と同じ感情を本当に喚起しているのだろうか、コミュニケートしているのだろうか。僕たちは音と匂いとイメージを使って、1300年代のシャルトル大聖堂の内部のようすを描きだし、しかも教師が要点を発展させる余地を残したいと考えた。シャルトルを題材に選んだのは成功だった。というのも、最初にこのショウを上映したのは、キリスト教バプティスト派が信仰されている南部の町で、14世紀のカトリック教会がどんなだったのか、だれもまったく知らなかったからだ。

G: 1964年のニューヨーク万博のIBM館で見たマルチスクリーン・ショウを、今も鮮明に覚えているよ。だが、あれが最初に一般向けに制作したマルチメディア・ショウではなかったはずだね？ 万博ではすでに、ほかにもマルチスクリーンで上映しているところがたくさんあったから。

E: 1959年にモスクワでやったのが、最初の一般向けの大がかりなショウだ。ニクソンのキッチン・ディベートのころのことだ。そのときマルチメディアを使用したのは、違う目的からだった。われわれは、ロシア革命以来初めての、アメリカからソ連に向けたメッセージを作るという難題に取り組んでいた。それまで国民から国民にメッセージを伝える大がかりな機会はなかったんだ。すべて極めて慎重に進める必要があった。言葉には限界があることはわかっていた。言葉が効果を持つことがないように、少なくとも僕たちが作品を通じて伝えたいと思っていることを言葉が伝えてしまうことがないようにしたいと思った。

いくつかのイメージは、ソ連国民にもよく知られていた。たとえばフリーウェイのインターチェンジを見せたとすると、だれかがそれを見て「わが国にはスモレンスクにひとつ、ミンスクにひとつある。わが国にはふたつあるのに、あっちの国にはひとつしかない」と言うだろう。そこで［サンプル講義］と同じように、複数のイメージを同時に見せることにしたんだ。

G: 情報を与えるためというより、信用性を高めるためだったわけだね。

E: 信用性を高めるには十分な数のイメージを提供しなければならないが、与えられた時間で見きれない量になってはいけない。同時に、いくつ見たのかはっきりわからないように、たくさんのイメージを示さなければならない。

最終的にスクリーンは7つに落ち着いた。イメージが4つなら、かならず4つあると認識できるが、8つに近づくにつれ、正確な数が把握で

きなくなってくる。イメージは巨大だった——4つのスクリーンの端から端までの幅は、フットボール・フィールドの半分の大きさがあった。
G：この種のショウは短命なものだが、仮にだれかが7台のプロジェクターと広い壁を用意したら、再上映は可能だろうか？
E：スライドを1組回収して、ラフな作品にまとめてある。エルマー・バーンスタインが心を揺さぶるすばらしい音楽をつけてくれた。このショウは、理屈の上では米国国務省からのメッセージだったんだが、最初から最後までこの作業場で制作したので、政府の人間が初めて見たのはモスクワに行ってからだった。少々きわどい進め方だったがね。意見を求めれば、何かしら批判されるものだ。何も意見を求めなければ、相手が忙しくてこっちのことまで手が回らない可能性もあるというわけさ。
G：きみの椅子の保存状態とマルチメディア・ショウの保存状態は、根本的に違っているだろう？ 椅子のほうはMoMAやアムステルダムの国立博物館に行けば見られる。ところがIBMのショウは、絶対にもう一度体験することができない。
E：そのとおり。万博そのものが仮設凱旋門のようなもので、用がすんだら燃やされてしまう。
G：クリストのアートに似ているな。
E：クリストを体験するのにも似ているし、すばらしいバースデイケーキにも似ている。消えて再現できないところに大きな価値があるんだ。しだいに価値が低下して古めかしくなることがない。
G：今ではマルチメディア技術は広くコピーされ開発されて、もはやマルチプル・イメージの上映がない世界は考えられなくなっている。
E：子どもがハンマーをもらうと、なんでもかんでもハンマーで叩きたがるだろう？ マルチプル・イメージも同じことさ。新しいシステムというのは、なんにでも試したくなるものだ。だが、マルチプル・イメージは、もともとは極めて限定された機能を果たしていたんだ。IBM館では、それは同時性という機能だった。同時に発生するものを、マルチプル・イメージを用いてメインテーマと関連づける——これはとても貴重な仕掛けだと思う。それまで感じたことのない、関係に関する感覚が得られる。遺伝子組み替えであれなんであれ、未来における意志決定を考えるとき、重要事項を同時に示す技術を磨くことに心を砕くべきだと思う。もう今ごろは一般的な手法になっているだろうと思っていたんだがね。今でも名案だと思っているよ。
G：マルチメディアの多くが誠実な目的を見失っていると思っているのでは？
E：作品にまとまりがあれば、気にならないこともあるがね。目的が変わっても、優れた作品になる場合もある。だが、中間というのか、

うわべだけ情報で飾っても、本当の意味で情報を与えていないのがある。やっかいなのはこのケースだ。情報伝達が目的ではない場合、しばしばイメージからイメージに気まぐれに変化するだけの編集になりがちだ。モスクワのショウでは、イメージの切り替え方法にさまざまなトリックやリズムを試した。7つのイメージがある場合、ひとつだけ変えると、非常に無駄で情報とは関係ない重荷を脳に強いることになる。変化が起きるたびに、目はどれが変わったのか知るためにすべてのイメージをチェックしなければならないからだ。チェックするのに忙しいと、情報を取りこめない。めまぐるしい編集は、情報の質を劣化させがちだ。僕らはつねに情報に重点を置いてきた。けっしてサイケデリックな演出を狙ったわけではない。

●

イームズ夫妻が制作した展示は、マルチメディア・ショウと同様に、情報に重点を置いてきた。[コンピューター・ウォール] [コペルニクス] [オン・ザ・ショルダーズ・オブ・ジャイアンツ] [ニュートン] は、もともとはニューヨークのマディソン・アヴェニューにあるIBMの展示室向けに制作されたシリーズである。「フランクリンとジェファーソンの世界」は、米国独立200周年記念に関連して制作された大規模な展示である。パリで開幕した「フランクリンとジェファーソンの世界展」は、その後ワルシャワ、ロンドン、ニューヨーク、シカゴ、ロサンゼルス、メキシコシティを巡回した。この展示は、本物の工芸品などを大量の写真と長文のキャプションに組み合わせて構成されていた。

●

G：メトロポリタン美術館で開かれた「フランクリンとジェファーソンの世界展」に対する批判の大半は、批評家や一部の美術館関係者が、美術館という環境で情報密度の濃い内容を見せるという考えになじめなかっただけだと思うのだが、どうだろう？
E：そうかもしれない。だが、ニューヨークの反応は意外だった。パリのルーヴルの反応はまったく違っていたからね。会場はグラン・パレだったが、管轄はルーヴルと同じなんだ。パリでは、マテリアルと、マテリアルをとりまく学問の世界の両方を認めてもらえた。学芸員は展示物に関する複雑な情報を入手できるわけだが、その情報を展示に取り入れたり、その展示物の背景について見せたりすることには抵抗があった。今もその方向に進むのはあいかわらず難しいだろうと思うが、ルーヴルではみな強い興味を示して、大勢の学芸員が集団で展示の見学に来ていた。あとで僕は彼らと話し合うためにもう一度パリに行った。彼らは、学者の世界の成果を一般入館者にどう伝えるかということを、大切な問題だと考えていた。いずれにしても、彼らはあの展示に当惑することはなかった。だが驚いたことに、ニューヨークでは、アート・コミュニティも一部の学芸員も、す

っかり当惑してしまったようだ。

G:「フランクリンとジェファーソンの世界」の意図が、なにか誤解されたのだろうか?

E: その誤解を避けるために、僕らはこの展示を歴史研究者向けではなく(もちろん彼らには大きな恩義があるが)、一般市民向けの展示として宣伝したんだがね。実際、あれは美術展ではなく、むしろ「カラー版通り抜け式タブロイド新聞」というべきものだった。その目的を明確にしようと努力したのだが。

僕らは問題と状況を説明するのにキャプションを用いた。言葉の多い展示になったのはそのためだ。業績を説明するのなら、言葉はごく少なくてすんだだろう。最初は主要人物に対しては批判的かつ厳しくのぞむ方針で出発したのだが、作業を進めるうちに、ジェイムズ・マディソンのような人物がなしとげた多大な成果に強い感銘を受けて、最終的にはかなり賞賛一色に傾いていた。

たとえばフランクリンの、一見下品な詩や放屁についてのエッセイを取り上げることもできただろう。ある意味で、フランクリンはジョナサン・スウィフトと同じことをしていたわけだ。ただし、スウィフトのほうがはるかに上手だったがね。フランクリンはありとあらゆることを試した。それは彼の生涯にわたる実験の一部だった。だが、これらの詩やエッセイの創作は、あまり優れた実験とはいえない。それなのに、それを長々と論じるのは無意味に思えた。なにしろ、これまで目にしたことのない新しいものがほかにたくさんあり、知らせたいことがたくさんあったからね。たとえば、マディソンとワシントンについて。僕らの関心は彼らの業績のほうに移った。それは何かを隠すためではなく、彼らの考えの持つ重要性を示すためだった。

G: 展示は、戦争期の革命運動を描いているにしては「美しすぎる」という批判もあった。

E: ああ、あったね。パリでの反応を思うと、それも驚きだった。パリでは「お祝い」だと受け止められた。華やかだが、派手ではないお祝い、それが僕らの意図だった。パリの人々は、あの時代に対する祝福だと考えたんだ。18世紀のヨーロッパの啓蒙主義がアメリカの直接性と出会った時代のね。

G: 彼らにはアメリカ独立革命を哲学的に考える素地があったということだね。

E: そのとおり。1976年に展示がアメリカに戻ってきたときも、やはりわれわれは祝福だと考えていた。だがそのとき、祝福されるべきクオリティとしてもっとも重要だったのは、これらの人物どうしの——フランクリンとジェファーソンと彼らを取り巻く人々の——生涯に見られる確固たる連続性だった。彼らの個人的興味、仕事、公に向けた行動、楽しみ、情熱が不連続であってはならなかった。

G: アメリカの評論家の反応は?

E: 内容は非難されなかった。ある意味で残念だったがね。非難されたのは——『ニューヨーク・タイムズ』の美術評論家と、それを引用したシカゴの美術評論家の批判だが——展示そのものの性質だった。純粋な美術展ではなかったからさ。あの展示は言葉と写真を建築的にアレンジしたもので、ストーリーを補強するために、ところどころに本物の18世紀の物を配してあった。どうやら、メトロポリタン美術館にふさわしいのは、オリジナルで権威ある美術作品だけだ、という考えを持つ一派が相当な力を持っているようだな。

それにあの展示は、スポンサーによる美術館への不法侵入だと見なされたのではないかと思う——大企業がスポンサーになった絵画展なんかよりもはるかにね。たぶん、展示にはストーリーがあり、IBMが金を出しているから、IBMが語っているような印象を与えたのだろう——もちろん、まったくそんなことはなかったのだが。

どうして評論家は、美術を取り巻く聖域をあんなに守りたがるのかわからんね。実際に仕事をしている優れた芸術家は、そんなことは気にしていないだろう。僕らはずっと、メトロポリタン美術館は——少なくとも美術館であるのと同程度には——文化的、歴史的施設であると考えてきた。あそこには古代エジプトのすばらしいコレクションがある。あれは美術ではないし、工芸ですらない。日常生活の道具にすぎないものもある。しかもメトロポリタン美術館はその憲章で、入館者に物を見せるだけでなく、情報を提供する責任があると宣言しているんだ。チャールズ・ウィルソン・ピール(訳注:1741-1827。アメリカの画家。ワシントン、フランクリン、ジェファーソンらの肖像画を多数手がけ、ピール博物館を開設した)は、自分の美術館ではこのふたつの機能を分けていなかったにちがいない。ピールは自分で描いた絵を利用して情報を提供した。これがなんとか氏の顔です、これがマストドンの発掘方法ですってね。

G: 本物よりも写真を多用したことへの批判は?

E: 本物を体験するかわりに写真や言葉やフィルムを用いることに、僕らはなんの疑問も持ったことがない。僕らのオフィスを訪れたことがある人なら、そんな疑問は抱かないだろう。メトロポリタン美術館のために制作した10分間の映画のなかで、僕らはクローズアップ写真で構成した小さなショウを見せた。それは「ギャラリーにある小さな彫刻を実物大で見たときに、目のペースを落とす手助けになるでしょう」というものだった。例として見せたのはロスピグリオーシの杯だ。この杯は、一見しただけでは多くの現代人の好みには合わないだろう。だが最初に、みごとな金細工とエナメル細工の細部と、てっぺんにある小像のエレガントな横顔を——その女性像の顔は親指の爪ほどしかない——拡大した写真に触れていれば、しかもそ

れらの写真が十分に速いテンポで示されていれば、実物を見たときに「これが本物か、よくわかるぞ」と思うはずだ。だが一方で、鮮やかなカラー写真を大量に見すぎると飽きてしまう。写真の見せかたに動きがない場合は特にね。

忘れがちだが、美術史研究者は実際はたいていはレプリカを使って研究や教育をしている。美術史研究者や学芸員がルーヴルにある絵画とニューヨークにある絵画を比較するとき、つねにオリジナル作品ならではの美的インパクトを考慮しているわけではない。建物の装飾の突起の数を数えているか、そんなところだ。写真が十分に鮮明で目的にかなうなら、学者にとってはそれで十分だ。だが、その学者の講義に出席している門外漢や新入生は、実物をそれほど多く見ているわけでないはずだ。聞いた話を鵜呑みにすることになりがちだ。細心の注意を払って極上のスライドを用意しないかぎり、学生を失望させるだけでなく、自らの学問も傷つけることになる。

これは僕の偏見かもしれないが、視覚的な美学をテーマにしている人の多くが、実際のプレゼンテーションでは、視覚的な言語を使う能力がないように思う。批評家になるために修得してきたことを、コミュニケーションに生かせないんだ。なんらかの媒体を介して観客が物を見る場合、かならずできるだけ質の高い情報を受けとれるようにしなければならない。見た目のよさも、情報の質の高さの一部だ。

G: われわれは、美術館は美的な物体の貯蔵所にすぎないという考えに慣れすぎてしまったのかもしれないな。

E: 現在、さまざまな機関が、説得力のある情報の提供に力を入れるようになってきたと思う。豊かなクオリティを損なうことなく芸術的なものをコンテクストに取りこめるなら、どんなことでも役に立つだろう。キーツは、虹について知ると虹の美しさが壊れると言ったが、僕はある物について知ることは、物そのものに対する感情を豊かにすることに他ならないと思う。

これらの経験を生かす究極の方法は、人生の営みに還元することだと僕は思う。一部のケースで不満に思うのは、マテリアルの展示方法が、美術館にあるものと見る人の人生の営みのギャップを、永続化し、拡大してしまっていることだ。この種の不連続性はとうてい許しがたい。それこそが、僕たちが追放したいと願っているものだ。

―― Owen Gingerich, "A Conversation with Charles Eames." *The American Scholar*, summer 1977, pp.326-337.

A　53歳の誕生日パーティー、イームズ・オフィスにて (1960)

チャールズ・エリオット・ノートン
記念講義録・抜粋——1970–1971

チャールズ・イームズ
岩本正恵 訳

専門分野という落とし穴
●第1回

今回、初回の講義は、一種のプロローグ、あるいは概略ということで、仮に「喚起」(The Provocation)という題をつけたいと思います。昨年、私は大勢の人たちと一緒に仕事をする機会がありました。彼らは第一級の人物で、問題に対処する立場にあり、しかもうまく対処する人たちでした。彼らは人の反応という問題を心得ており、仕事の進め方をよく知っていました。まじめで思慮深い人ばかりで、いくつかの問題に対処するために集められたのです。彼らにはある共通点がありました。美学や、人生の豊かさや、人生のクオリティにプラスとなる事柄に直面した場合、既存の形式に頼る傾向が見られたのです。美学やクオリティに関するものはすべて、すぐに絵画や彫刻や音楽やダンスや詩に結びつけようとするのです。これは非常に大きなまちがいだと私は思います。それはべつに私が絵画や彫刻を愛していないからではありませんし、一般論に絵画や彫刻を持ちこんだのが大いなるまちがいだと言いたいからでもありません。そうではなくて、美術というのは本質的に自らのすきまを作りだしているからなのです。

専門性のニッチです。今日の多くの人々のように、もっと微妙な人生のクオリティに関する問題、豊かさをもたらすものに関する問題に直面したときに、ある種の筋道に沿って発展してきたそれらの専門分野に助けを求めたとしても、実際には一種の責任転嫁にすぎません。しかも、なにより深刻なのは、自分たちの修練を放棄して、専門分野のクリシェ(陳腐な表現)をまねしてしまいがちなことです。人生の営み全般と、その一部である理解の追求は、価値ある経験の主要な源泉です。けれどもある種の挫折、ある種の自信の欠如が、人々がそれを理解するのを妨げているのです。

[パワーズ・オブ・テン]の直感的体験
●第1回

映画の世界では、ロケに出て、過酷な撮影が続き、機材を担いで険しい山を登らなければならず、しかも何日も何日もひたすら待ちつづけるようなことがあります。そんなとき、よく仲間うちで「血は映らない」と言います。これはよくあることで、どんなに血のにじむ努力も、画面には映りません。今、お見せしたような映画([パワーズ・オブ・テン])を作るのは、ほんとうに過酷で楽しくて血のにじむような作業です。細部を徹底的に調べ、確認し、進行上の機材関係を調整して一定した加速感を映画が観客に与えられるようにする。そんなことを解決しようと努力するわけです。友人を引きずりこみ、彼らに試してみる。言葉ではうまく言えないこと、手がかりは与えられても、細部が全部とり散らかっていて、断片的にしか話せないようなことを試してみる。これは、人生の営みに取り組むことの一部でもあります。

問題は、何を言おうとしているのか、最終的にある種の直観的体験、腹で感じるような体験ができなければ何の意味もないことです。それは観客だけでなく、制作側の人間の問題でもあります。映画に取り組み、少しずつとりだし、分析し、うまくいくように努力し、何度もやりなおす——単調で退屈な仕事が延々と続きます。そして仕上がったあとに、ゆっくり座って細部を見る。そのときあなたは、直観的な体験の波に洗われることを期待しているはずです。何かわかりませんが、そこにはある種の美的価値があります。その瞬間は、観客のためだけでなく制作者のものでもあります。その体験のプロセスは、細部の連続によってもたらされたものです。

上質の直観的体験はあらゆる事柄に関わってきます。この映画の場合は、つけ加えられるゼロとあなたの関係が含まれます。加えられたゼロに、あなた自身はあまりはっきり反応したことはないでしょう。なぜなら我々の存在のある部分は対数的に反応し、ある部分は一次関数的に反応するからです。なぜかわかりませんが、我々の感じかたは往々にして対数的です。それなのに非常に大きな数を扱わなければならないときは、たいてい一次関数的に扱い、大きな数字や小さな数字、高速や低速、はるかな距離や微小な距離は、感じたり理解する術がまったくないのです。

選択することの試練
●第1回

(サーカスなどの世界では)制約がすべてでした。ある意味で、文化には独自の自然淘汰のプロセスがあって、そこでは非常に多くの革新があるはずですが、どの文化でも、残るものはごくわずかです。
選択することについて、これまで人間はほとんど経験がありませんでした。我々は今、一歩退いて編成しなおそうとしています。今、我々は自分たちの抱える問題を知っていますが、その多くはこれまで知らなかったものです。いくつかの問題を知っている、それは誤りだと知っている、これはすばらしいことです。一歩退くことで、静かに考えて、うまくすればそのいくつかをまとめられるでしょう。

美学や感情や人生の豊かさに関することを探す場合、専門分野に限定するのはやめようではありませんか。独自の発展と洗練を重ねてきたそれらの専門分野は、ある意味で、人生の営みへの取り組みから遠ざかっています。なぜなら我々には選ぶ経験がなかった、選ぶ方法を知らなかったからです。今、我々には選択の機会が与えられただけでなく、ある意味で、選ぶことだけが唯一の選択肢です。我々はそれに備えなければなりません。

人生の営み
●第3回
注文が多く、自分の趣味がある我々は、それを日々の人生の営みに——個人的生活、公的生活の両面に——向けるべきです。充実した経験の探求を、人生に取り組む営みにどう生かしていくか——それがこの連続講義の主眼です。

映画の作り手
●第3回
物理や化学の世界で、短い連続映像や説明を作るとしたら、映画制作の専門家ではなく、化学の専門家のほうが相応しいと考えたいものです。フランシス・ゴールトン(訳注：1822-1911。イギリスの遺伝学者)が確率についての映画を作ったら、きっとすばらしい映画になると思いませんか。フランシス・ゴールトンが確率についての映画作りをだれかに依頼したとしても、すぐれた映画になる保証はないでしょう。(中略)情報のパッケージとそれを意味ある方法で伝える能力が、今後ますます重要になるでしょう。(中略)
けれども、下さなければならない決断はほかにもあります。遺伝子操作という問題です。問題は次々に発生するでしょうし、この種の情報を伝えるためにはありとあらゆることが必要になるでしょう。この語彙、この言語、この媒体を持っていること、大学内ですぐに使える道具として持っていることが重要になります。
映画作りの専門家に任せることはできません。外部の人に任せることはできません。数学者が数学の論文執筆をプロの文章家に依頼することはありません。仮に論文と同じテーマの映画を作るとしたら、基本的に数学者自らが映画を制作しなければなりません。

マルチスクリーン
●第3回
マルチスクリーンの技法をレイと私が最初に使ったのは、1950年頃に作った［Rough Sketch of a Sample Lesson for a Hypothetical Course］(仮カリキュラムのサンプル講義のための素案)というもの

で、これはマルチイメージだけでなく、匂いもついていました。タイミングに合わせて匂いが出るようになっていて、一時間にどれだけ多くの背景的情報を入れられるかという本格的な試みでもありました。当時は、どこかの優秀な教師がこれを利用するだろうと考えたのですが…。
この試みはいくつかの方向に発展しました。やがて我々は、モスクワに向けた初の米国紹介のために、非常に大規模なマルチスクリーン・ショウを制作しました。これはとてもエキサイティングな仕事でした。当時、モスクワ市民には情報交流の機会がほとんどありませんでしたし、米国国務省に依頼された仕事でしたが、不思議なほど自由に仕事をすすめることができました。これはたまたまその時の状況によるところが大きかったようです。
ときどき思うのですが、承認を求めて、かえって批判を受けることがありますね。我々は国務省に承認も批判も求めませんでしたし、国務省のほうも抱えている問題で手一杯だったのでしょう。だれも我々には注意を払いませんでした。国務省が実際に映画を見たのはモスクワに行ってからでした。ある国に対して初めて自国を紹介するにしては、不思議といえば不思議なことです。
このマルチスクリーン・プロジェクトを思い出すと、暖かな気持ちになります。なにしろこれほど大規模なのは初めての試みでした。上段に4つ、下段に3つのスクリーンを設置しました。4つのスクリーンの端から端までは、フットボール・フィールドの半分の長さがありましたから、かなり圧倒的なものでした。
これにはある理由がありました。昔から言われている信用性の問題です。我々はイメージを通して信用性を高めようとしたのです。言葉はほとんど使わず、過剰な表現はしませんでした。
最後のシーンは、我々にとってとても心温まるものでした。ある意味で、そのシーンがすべてを要約しています。さまざまな就寝風景が映しだされます。手をとりあった恋人、若者、老人、子どもを寝かしつける人…。じつは、最後のシーンは、空飛ぶジェット機と華やかなファンファーレで締めくくるようにと言われていたのです(笑)。
この愛のシーンに流れたのは、マーティン・ルディメンのフルート・ソロでした。そして、人々がベッドに入るシーンのあとの、最後の最後のシーンには、小さな鉢に植わった忘れな草が映ります。まったくの偶然なのですが、この花はロシア語でも「私を忘れないで」という名前だったのです。映画を見たモスクワの人たちが、最後のシーンになると「ニェズブーク、ニェズブーク」と言っている様子に感動しました。
これが我々の最初のマルチスクリーン作品で、次がシアトル、その次がこの［THINK］のワンシーケンスです。
これからご覧いただくシーンは、率直な信用性を高めるために用いた

ものです。当時は率直に作ろうとしたのですが、その後の年月でいろいろ学びまして、今だったらもっと率直に作っただろうと思います。しかし、まあ、過去12年か14年で、たいていの人は非常に多くのことを学んでいるわけですから…。

この作品はある考えを伝えるために、マルチスクリーンを使って同時進行のアレンジメントを行っています。理想的には、ある種の論理の継続の表現としてマルチスクリーンを用いたと思っています。

盗難事件
●第4回

前回、私の兄ではなく妻のレイが会場に来ていましたが（笑）、ひと月ほど前、彼女の車が盗難に遭いました。レイの車というのが、泥棒を誘う車でして（笑）、というのも車内にはいつもプレゼントがいっぱい積んであって、孫たちとやりとりしているプレゼントで、きれいに包装してあって、花だとか、花を生けるものだとか、食べものだとか、ピクニックに持っていくものだとか——オフィスでは毎日ピクニックなんです（笑）。通りがかりの人が見たら、欲しくなるにちがいありません。

そしてそのとおり、泥棒にやられました。

私たちは毎晩たいてい11時ごろにオフィスを出るので、泥棒にはたっぷり時間があったわけです。気づいたときには、レイの車の中身が全部駐車場に散らばっていました。けれども、盗られたものはほとんどありませんでした。おそらく大事なもので盗られたのは、きれいに包装した壊れた目覚まし時計ぐらいで、これは孫のところに送ってもっと壊させてやろうと思っていたので（笑）とても残念でした（笑）。

散らかったものを片づけていると、布地の反物がありました。心が痛みました。じつにすばらしい反物だったのです。ウール地で、手に取ると獣脂がまだ感じられるような、すばらしい布地でした。

なにがショックだったかというと、その男が布地を盗ろうと思わなかったことです——男と仮定しての話ですが（笑）。その布地を大切に思う気持ちがなかったから、恋人や妻や母親のために持って帰ろうという気にならなかったわけです。

ショッキングな経験でした。というのも（笑）反物というのは、手元に持っていると、とても大きな安心感を与えてくれるもののひとつだからです。

もしかしたらあなた方は覚えていないかも知れませんが、これが反物の姿なんです。

「あこがれの対象」について
●第4回

ところで、私には秘書がいて（笑）、ヴェーラという名なのですが、この

ヴェーラが少し前に、一輪車に乗れるようになりたいと心の底から熱望していたことがありました（笑）。クリスマス・プレゼントに一輪車のレッスンと一輪車の分割払いの頭金を贈られた秘書は、ヴェーラのほかにはそうそういないはずです。でも、彼女はそれをもらったのです。

一輪車に乗りたいというヴェーラの思いのおもしろいところは、一輪車そのものにあこがれたわけではない点です。彼女は一輪車を乗りこなす能力にあこがれたのです。彼女が本当に欲しかったのは能力のほうでした。その思いは、今夜我々が語ろうとしている、未来の「あこがれの対象」により近いといえるでしょう。

ヴェーラの一輪車です。

今我々の生きる世界は、情報とイメージが徹底的に均質化され、多くの面で、だれもが同じものを受けとっている状況にあります——これは主にテレビによるところが大きいと思います。選ぶ対象が非常に少なく、選択肢がほとんどありません。これは否定的な結果を生んでいますが、同時に極めて肯定的な結果も生んでいます。

ひとつたしかに感じるのは、この20年で人々の期待が大きくなったことです——今日では、ある普遍的な期待が存在しています。みんなが持っているものは自分も手に入れる権利があるとだれもが感じているのです。それが今の状況です。

これは真実に関する問題です。あこがれの対象について論じると、おもしろい問題がでてきます。ここは三番街じゃありませんが、しかしこの普遍的な期待のまわりに、あこがれの対象が並ぶ三番街を広げてみても意味がない。新しいあこがれの対象に値するものはどのような特徴、どのような条件を持たなければならないかを考えなくてはなりません。

ひとつには、新しいあこがれの対象は、分けあっても壊れても、キリストのパンと魚のように、けっして価値が減少しないという特徴を備えていなければなりません。どんなに広く分かちあっても、決して質が悪化してはいけません。また、どんな場合でも——スキラ・ブックスのように——うんざりさせてはいけません。

また、手に入れるのが容易すぎてもだめです。入手可能でなければいけませんが、実際に手に入れる前に、まず欲しいと思わせなければいけません。値段もそれなりについていなければいけません。けれども、それを支払う貨幣はだれにでも用意されている必要があります。

では、どのようなものが相応しいといえるのでしょう。それが問題です。いくつかのものが考えられます。いくつかのコンセプトです。大きな考えのことを言っているのではありません。たとえば技術のようなもの——ヴェーラの一輪車のようなもの——もあるでしょう。けれどもコンセプトであることが重要です。あまり大きな考えではなく、応用できるモデルを知り、修得し、親しむことが、さまざまな方向に応用で

きるようなものです。

たとえばリア王。だれにでも当てはまる、避けられない状況のモデル。ポジティヴ・エントロピー。自然淘汰のプロセス。処理の原理。数学的機能のグラフ化。碁の修得。碁は人生の非常に多くの部分に応用可能な考えを教えてくれます。外国語の習得。私は昔からフランス語をマスターしたいとあこがれていましたが…いまだに果たせずにいます。まだ遅くないと言われますが、完璧にマスターするにはさすがに遅いでしょう。なにしろ私のフランス語ときたら…。

それでも、私はその分野の貨幣は手に入れていました。その貨幣というのは、マスターするチャンスを自分に与えられたということです。私はその貨幣をべつのことに使ってしまいました。そのように使ってしまったことに悔いはありません。それでも違う方向に使う可能性はありました。その可能性はだれでも手に入れられるでしょう。

ある町を知ることはあこがれの対象です。ある町を本当に知ることもすばらしい。

パース図の描きかたを修得すること、一輪車に乗れるようになることも、あこがれの対象です。

重要なのは、これらは分配されても価値が損なわれないことです。どれも無限です。(中略)

膨らむ期待、普遍的な期待に応える「新しいあこがれの対象」を用意するには、まず、学問のなかにある人生の美しさ、連続性、リアリティを、幼い子どもたちに示し、その一部を実際に感じて、その後の人生の糧にしてもらえるようにすることも必要です。そのレベルで実現しないかぎり、どうすることもできません。

イームズ・オフィスのサバイバル
●第5回

ときどきいい仕事が——大きな仕事が——来ます。映画は我々にとって興味ある仕事です。しかも興味深い主題です。我々の考え方の精神に沿っています。この分野全般に貢献できる感じがします。クライアントの利益になるだけでなく、結果を教育に生かせるでしょう。何か新しい技術を開発する機会にもなるでしょう。この分野では多少経験があるので、今回は金を稼げるかもしれない、その金で作りたい映画を作れるかもしれないとさえ思います(笑)。すばらしいことではありませんか。

映画制作を開始した当初は、なかなか快調に進みます。仲間に尊敬されるような新しいことをするぞと思っています。

ところがじきに、できるはずだと思っていたリサーチができず、あると信じ込まされていた情報が手に入らないことに気づきます。道がまちがっていたことを知り、この仕事で金を稼ぐのは無理だと悟ります。それでも映画はある種のすばらしい声明に——ある種のオリジナルな声明に——なるでしょうし、この分野への貢献も可能かもしれない。尊敬も集めるでしょうし、まちがいなくクライアントは満足するでしょう。

たどってきた手がかりがまちがっていたと気づくと同時に、技術的な面でも問題が生じます。最高水準の技術でも不可能なことがわかるのです。これで最初に逆戻りです。クライアントにも助けてもらえません。最初からやりなおしです。

もはや映画は新しい考えを示すものにはなりそうもありません。ただ今度は、少なくとも、古い考えを、古い考えがこれまで表現されてきたよりも優れたやり方で、表現できるかもしれない(笑)。この映画は、どうすればそれが技術的に可能かを示すものになるでしょう。こうして技術的には当初の計画に及ばないものになり(笑)、機材に投じた金がある種の破滅的な状況を引き起こすことになります(笑)。

それでも映画はクライアントを満足させるでしょうし、その分野での尊敬は期待したほど得られなくても、広報担当者には十分利用価値があり(笑)、とりあえず役目は果たせたといえます。

その一方で、こんな仕事をして仲間にどう思われるだろうかと不安になってきます(笑)。そこに広報担当者がやってきて、聞きたくない話を始める。ほかの資金提供者たちは激怒する…。

財政状況はめちゃくちゃです。ほかのクライアントをほったらかしにしていたせいです。じきにあれこれ言っている余裕はなくなり、ついに執行官がやってきます(笑)。

こんな状態がしばらく続き、執行官が来ようがだれが来ようが平気になります。そしてついにどうにもならなくなり、だれも口をきいてくれないどころか(笑)、列車で町から追放されるかもしれない状況になります。

いやはや。

すべてが大混乱のうちに崩壊します。本当です。本当の話です(笑)。八方ふさがりの状況で、オフィスで仕事をつづけます。直角でなければならないものは直角にする。フラットでなければならないものはフラットにする。それが私の才能です。それ以上のものが表現できたとしたら、それは幸運なのです。

これが我々のやってきたことです。いま言ったとおりのことをやってきました。57丁目とマディソン街の角にあるIBMビルで、朝10時から夕方5時まで、展示をやっています。我々がどうやって生き延びてきたか、私には永遠の謎ですがね(笑)。これがおおよその事実です。

道具から始める
●第4回

我々のオフィスをどう説明すればおわかりいただけるでしょうか。たと

えば、1940年代の終わりに初めて家具を作りはじめたころは、道具もオフィスで作っていました。オフィスは建築とデザインが専門でしたが、道具から作っていたのです。最初の5,000脚の椅子はオフィスで作りました。最初の50,000脚を作った道具もオフィスで作って送りました。小さな問題のひとつひとつ、ゴムや溶接の問題のひとつひとつに取り組んで解決する、つぎの瞬間には大変なことになっているかもしれない状況の中で、そうやって仕事をするのが我々のやり方でした。

建築と椅子
● 第5回
建築家にとって家具という分野は特別です。ご存じかと思いますが、昔から建築家は家具を手がけたいと願い、実際に製作してきました。たとえばアールトはもちろんすばらしいですし、ブロイヤー、ミース・ファン・デル・ローエ、ル・コルビュジエも家具をやっています。何か衝動のようなものがあるのです。おそらく建築の場合、問題があまりに大きいからでしょう。制約は相互に絡みあい、フィードバックは遅く、材料を意のままに扱うのは非常に難しい。

椅子を作る場合は、建築家は人間のサイズで椅子を作りますし、できた椅子は建築作品でもあります。椅子をやることで、人間サイズの建築を作れるのです。扱う建築がこのサイズなら、実際に材料や製作方法とのつながりを感じられますし、フィードバックも即座に得られます。

コンペのトリック
● 第5回
このあいだ読んだのですが、『アリス・B・トクラスの料理読本』かなにかで、ガートルード・スタインが、オリジナリティをめぐってピカソと交わした議論を引用していました。正確な言葉は忘れましたが、ピカソはこんなことを言っていました——真にオリジナルなものは醜くなければならない。だが、美しくあるためには、洗練と変化と研ぎあげる時間が必要だ。我々の知っている美しいもの、歴史と時間を経たものは、時間をかけて洗練されてきた。だが、真にオリジナルなものは、ちょっとした醜いエッジを持っている。

エーロの大きな手を思うとき、この言葉を思い出して暖かな気持ちになります。

大恐慌の終わりごろ、我々はコンペで次々に1位を獲得していました。クランブルックの面々はあちこちで1位になり、なかでもエーロはトップでした。すべてのコンペで1位でした。あとになって、だれかに訊かれました。「トリックがあったんだろ? どんなトリックを使ったんだ?」「そうだよ、彼にはトリックがあったんだ。知りたいかい?」「ああ、教えてくれ」(笑)。

たとえば、第二次世界大戦直前に行われた、デラノ(フランクリン・デラノ・ローズヴェルト大統領)が審査委員長を務めたスミソニアン・コンペティション。エーロは父親とともに1位になりました。ですが、我々は全員でコンペに取り組んでいたのです。

それがトリックです。どうぞお使いください(笑)。

まずプログラムを検討して、基本的な要素にすべて分解します。全部で30あまりになりました。次にそれぞれの要素についてさらに100ずつ試案を作りました。100の試案を作り終えたところで、全体にもっとも相応しくなるように、要素ごとの解決法を探り、それを標準と定めます。最終案がこの標準以下になることは許されません。

次に、これらの要素の論理的な組み合わせをすべて検討しました。始めてみると、膨大な数がありました(笑)。要素単独のベスト100で得られたクオリティを損なわないように、これらの要素の組み合わせすべてについて100の試案をつくりました。そして次に、これらの組み合わせの論理的な組み合わせを研究しました。そして次の段階、次の段階と進み、いくつかの段階を経て、ようやく計画の検討に入りました。試案に次ぐ試案を出して、もう研究は十分にしたから、計画の検討に入り、プレゼンテーションの別の細部に進めるぞという実感を、このときようやく持ちました。

作業は続きました。かなり過酷な手法でした。審査は2段階方式で、この時期が終わるころには、我々はもちろん2次審査に進んでいました。

さて、また最初からスタートです。どうすればいいでしょうか。

我々は第2段階を開始しました。すべての要素を構成し直したのですが、今回は多少経験を積んでいたので、違う方法で要素を選び——それでも、26か28か30ほどありました——次の段階に進みました。それぞれの要素について100の試案を作りました。それぞれの要素の論理的なグループをすべて作り、設定した標準以下になることがないように検討しました。こうして作業を進めていきました。最後には——2次審査のドローイングに取りかかる直前のことです——本当に涙が出てきました。あまりにばかばかしいほど単純に見えてきたのです。これでもう、すべてだめだと思いました。そして、結果は1位でした。

これが秘密のトリックです。どうぞお使いください(笑)。

B チャールズの机

239

イームズ・オフィスの現場：
ジョン＆マリリン・ニューハート夫妻の証言

聞き手：瀧口範子

J：ジョン・ニューハート、M：マリリン・ニューハート

事始め
イームズ・オフィスで最初に手掛けた家具が子供用の合板の椅子だったのは、大きな装置がいらなかったから。まわりに添え木や飛行機の製作で余った合板の材料がたくさん残っていた。それを使って始めたのだ。とりあえず小さなもので実験しようというわけだ。そこそこ売れたが、大きな販売ルートを使わなかったので、全米ヒット製品にはならなかった。(J)

デザインするもの
チャールズは家具を手掛けても、食器やテキスタイルなどの日常品はデザインしなかった。関心がなかった。それに自分は建築家だとみなしていたから、インダストリアル・デザイナーがやることとは一線を画していたつもりなのだろう。(M)

建築家 vs. デザイナー
チャールズの仕事自体は明らかにデザイナーのものだった。けれども彼は自分を建築家と思っていた。数少ない親しい友人、エーロ・サーリネンとアレキサンダー・ジラードが建築家として教育を受けて

C 901スタジオ・オフィス (1979)
D オフィスの足跡を紹介するパネル (1963)
E オフィスの作業場

いたこともあって、同等にみなされたいと思っていたのかもしれない。彼にとっては、建築家はデザイナーより地位の高い職業で、考え方も違っているのだ。だが免許を持っていないので、建築設計をする時は免許のある建築家を雇わねばならなかった。ビリー・ワイルダーの家を設計した時も同じだが、事務所で建築家を雇ってもがっかりすることが多かった。(M)

デザインのプロセス
可能性をとことん追究したいという性格に加えて、チャールズは、最初から解決策が見えてそこへ飛び込むというアプローチを好まなかった。いろいろ試してその中から探っていくという、オーガニックなアプローチを採っていた。最後まで、寄り道、間違い、やり直しの連続。しかも締め切りを守るのが嫌いで、いつもギリギリまでやっている。どうやらチャールズはその間にクライアントと会ってプロジェクトを見せているらしいのだが、誰もその様子を見たことがない。スタッフは、一体どこでプロジェクトが完了しているのかがわからないわけだ。そうこうするうちに、その作品が雑誌などに発表されて、しかも人気を呼んだりする。するとチャールズはスタッフに「大恥はかかずに済んだがね」などと言う。彼はスタッフに上手く鞍いのことばが言えない人でもあった。(J)

マルチタスク
家具や映像の技術担当者など専門家はいたものの、その他のスタッフは何でもやらなくてはならなかった。オフィスには部署がなく、家具デザイナーがグラフィックスをやったり、グラフィック・デザイナーがソーラーマシーンを作ったりする。大きな集団がそのときどきで都合をつけながら必要なことをやっていた。チャールズは、誰でもいろいろなことができるはずだと思っていたのだ。もちろん実際にはそうはいかないので、新しいスタッフが入ってくると何かの作業をさせて試すわけだ。最初のテストをパスすると、また別の仕事をさせる。テストをパスし続けると、いつかは自分の専門の仕事がまわってくるという具合だった。結局イームズ・オフィスに長く残った人間は、そうした多様な才能を持ち合わせたスタッフだった。チャールズは、専門性をあまり信用せず、プラグマティックなアプローチの方を好んでいた。何かの専門家になってしまうとそこに安住し、他の領域に足を踏み込んで得られる刺激に対して身を閉ざしてしまうと考えていた。(M)

飛び火
ひとつのプロジェクトをやっていると、そこから新しいプロダクトが生

まれることはよくあった。ある素材、あるアイデアが飛び火して、次のものができる。［ハング・イット・オール］などもそうだった。ワイヤーの椅子やソファを製作中、ワイヤーをあちらへこちらへと折り曲げているうちにできたのだ。これは製造もイームズ・オフィスがやっていた。そこはDIY（Do-it-yourself）的な場所だったのだ。(M)

クライアント

ごく初期の頃を除いて、チャールズが仕事を乞いにいくといったことはなかった。クライアント側からチャールズを求めてやって来た。つまりオフィスを訪ねて来た瞬間から、クライアントは弱い立場に置かれたわけだ。何かを求めてきたのは彼らなのだから。そもそもチャールズは仕事がなくなってもかまわないと思っていたのも事実だろう。大恐慌時代の経験から、わずかなものしかなくても生きていける自信があったからだろう。それにクライアントから仕事を請負っても、決して「クライアントはこう望んでいる」と言ったことはなかった。

ハーマンミラー社は、1946年に仕事を依頼した頃からチャールズを囲い込みした。競合他社へ彼を取られるのを恐れていたからだ。すでに合板の椅子を手掛けた後から、チャールズは事実上指定デザイナーになっていたわけだ。しかも関係がうまくいっていたので、チャールズ側からクライアントを変える必要もなかった。(M)

チャールズとポリティックス

チャールズは、自分がやりたいことをやらせてくれるクライアントを見つけてくる政治力があった。あるいは、そうした筋につながりのある人間を通して、仕事を得るのがうまかった。(M)

友人

チャールズには親しい友人がほんの数人しかいなかった。だが、よく外部の人々がわれわれのプロジェクトを聞きつけて、協力してくれたものだ。資料を送ってくれたり、情報を提供してくれたり。彼らとオ

フィスはまるで大きな家族のように、ひとつになって機能した。彼らはチャールズから何の礼のことばを受けることもなかったから一方的な片思いなのだが、それでも進んで協力してくれた。(J)

レイ

レイはオフィスで正式な役割はなかったが、チャールズはレイを頼りにしているところがあった。彼女は良家の出で東部の花嫁学校も卒業し、どんな服を着ればいいかとか、どうテーブルをセッティングすればいいかとか、いろいろなマナーを知っていたからだ。それはチャールズが育った環境では学べなかったことばかりだった。彼女はおしゃべりが上手で、さほど意味のないことを楽し気に何時間も話せる人だった。それに色とフォルムに関しては実に才能があった。(M)

チャールズのスケッチ、チャールズのことば

彼はいつも話しながら、鉛筆でスケッチをしていた。スケッチと言っても、アイデアをさっと描くだけのもの。柔らかい鉛筆、プリズマカラーの917番だったか、クレヨンのような太い線で描くので、細かなところまで定義できないものだった。それにチャールズ式のことばは本当に分かりにくかった。しばらくいると彼のスピーチ・パターンが理解できるようになるが、オフィスに来たばかりの人間には何がなんだかさっぱり。4、5人の腹心のスタッフが、彼の意味するところを他のスタッフに伝えていた。(J)

オフィスの環境

みな民主的でユートピア的なところだと思っていたようだが、イームズ・オフィスはストレスの多い場所だった。父親や夫が事務所に行ったきり帰ってこないので、家族や結婚が崩壊するということもあった。それが嫌なら辞めるしかない。業績を認めてもらえず、辞めてからも不満を持っていたスタッフも多かっただろう。それでもプロジェクトそのものから学ぶことが素晴らしく、それがみなを惹き付けていた。最初は何だかよくわからなくても、自分のやっていることが次第に結果に向かって統合されていく。このオーガニックな側面がみなを夢中にさせた。(J)

注:ジョン・ニューハートは1957〜61、1964〜66、1972〜78の3期にわたってイームズ・オフィスのスタッフとなり、数々のプロジェクトに参加した。レイの協力を得て妻のマリリンと著した『Eames design』(Harry N. Abrams, 1989) は、イームズ夫妻の生涯と作品を記録した最も貴重な文献として、イームズ・ファンに愛されている。ロサンゼルス郊外在住。

イームズ・オフィス

スティーヴン・カベラ

最初のイームズ・オフィスは、ふたりの最初のアパートの一室だった。彼らは1941年7月に南カリフォルニアに旅行し、その際ウェストウッドに建てられたばかりの、リチャード・ノイトラ設計のストラスモア・アパートメントに住み始めた。

このアパートで彼らは、合板の彫刻や、家具、レッグ・スプリントなどに見られる初期の合板の研究を行った。この頃チャールズは、ハリウッドのMGMスタジオに勤める一方で、アパートへ帰るとレイと共に「カザム!マシン」を作り出していた。

1942年の夏、イームズ夫妻はサンタモニカ大通り10946番地にあるビルの一室を作業場として借り、成型合板のレッグ・スプリント(添え木)製造にフルタイムで従事することになる。アメリカ海軍からこのレッグ・スプリントの最初の大きな注文が来たとき、イームズ・オフィスはローズ通り555番地にあるもっと大きな建物を借りて移り、プライフォームド・ウッド社を始める。

1943年の10月下旬には、エヴァンス社がこのレッグ・スプリントの生産権を買い取り、その生産を一手に行うことになった。そしてチャールズに任されたエヴァンス社の成型合板部門は、ワシントン大通り901番地のレンガ造りの建物に移る。この労働者層の住む一帯に、イームズ・オフィスは45年間存在し続けた。

1947年の初め頃、ワシントン大通り901番地でのすべてのエヴァンス製品は製造中止になり、建物全体がイームズ・オフィスの手に委ねられた。その状態は、1949年にハーマンミラー社が新しいイームズの家具を製造する権利を買い、その製造のための設備を西海岸に移すべくこの建物のほとんどを占領するに至る1950年まで続いた。その後、1958年にハーマンミラー社はカルバー市近郊のもっと大きな施設へ移ったので、再びその広い建物はイームズ・オフィスだけのものとなった。

映画、おもちゃ、家具のデザインなど、製作範囲が大きくなるにつれて、すぐにこの建物も一杯になった。そしてレイが亡くなった後の1989年まで、この場所にずっとイームズ・オフィスは在った。

F 901スタジオ(イームズ・オフィス外観)

日本に食い入る眼

「日本に食い入る眼」——1957年のクリスマス直前に初めて来日したイームズ夫妻について、日本のモダンデザインの草分け的存在であった剣持勇はこう当時の読売新聞に伝えている。イームズ夫妻と交流のあった多くの日本人の中でも、剣持は、特に公私にわたる親しい関係にあり、この短い滞在中もふたりをあちこちへ案内しては「日本の日本のもの」と「西洋的日本」の両方を見せた、とある。

彼らを結びつけたのは、もうひとりのイサム、イサム・ノグチである。日本人と米国人の間に生まれた彫刻家、空間芸術家であるノグチは、1950年に来日し、東京の工芸指導所にて剣持の協力のもと、バンブーチェアを試作する。その秋アメリカへ帰国したノグチは、この日本の竹製椅子の写真を持って、イームズ夫妻を訪ねた。当時のハリウッドでは「茶」をテーマとした映画が作られるなど、お茶が文化人の間で大流行していたこともあり、この時［イームズ邸］では、ノグチやノグチの婚約者である女優のシャーリー・山口こと山口淑子、チャーリー・チャップリンら日本の文化に強い関心をもつ著名人らが集い、お茶会が開かれた。ノグチが日本で作ったバンブーチェアしかり、竹の茶杓のフォルムしかり、この東洋の洗練された技法や素材がイームズ夫妻らの関心をさらに刺激したと言えよう。
ノグチは、日本を離れる際に残した「東洋は西洋の文明を学びましょう。西洋は東洋の文化を学びましょう」という自らの言葉を実践すべく、両国の橋渡しを行っていた。

「アメリカの最近の椅子をよく知ってもらうために」最新の椅子を剣持と猪熊弦一郎へ贈るようにとイームズ夫妻に頼んだのも、そういうノグチの真摯な思いからであった。そうして翌年横浜港に着いた2脚のアームチェアは、初めて日本の地に降りたイームズの椅子となる。

剣持はそのふたつのアームチェアの第一印象を、「プラスチックの文房具」のようだとしながらも、「チュウリップのように可憐でみずみずしい」と記し、細部の詳細を『工芸ニュース』（1952年3月号）に掲載した。その文面には、日本よりもはるかに近代的なアメリカのデザインへの驚嘆と、イームズ夫妻への賛嘆があふれている。
翌1952年、「不可能を可能にする新しい材料工学や技術の進んだアメリカ」、「自由の境地アメリカ」に初めて渡米した剣持は、真先にイームズ夫妻を訪ねた。イームズ・オフィスを訪ね、夫妻と対話した多くの日本人がそうであったように、剣持もまたイームズのデザインが生まれる根底にある自由な好奇心とチャレンジ精神、自信にあふれた製作姿勢に、大きな思想的影響を受けている。それは決して難しい言葉で語られたわけではないが、誰もがイームズ・デザインに見られるチャールズとレイの精神が、芸術やデザインという言葉の枠を越えるもっと寛大な視線と理念から生まれているということを感じたに違いない。
またさらに、イームズ自邸を訪れた人々は、イームズ夫妻の日本文化に対する理解と称賛を知ることになる。大きなガラス窓に映る木々の影、しきりを開けた先に広がる新たな空間、小さな島国日本の長い歴史の中で大切にされてきた障子や襖の効果、光と影、空間を称賛する精神が、アメリカ近代建築の新たなシンボルとなったこの家の隅々に、形を変えて映しだされていることを感じたに違いない。チャールズが剣持に語った言葉によると、イームズ自邸は「桂離宮の建築精神からいろいろ学んで設計した」という。
そのイームズ夫妻が、終戦直後の日本の先見者たちがこぞって多くをアメリカから学び取ろうとしている事実に疑問を投げかけたのは当然であった。
おりしも東京の国立近代美術館が1952年京橋に開館し、たてつづけに建築やデザイン展を開催した事実や、1957年に開催された「20世紀のデザイン：ヨーロッパとアメリカ展」（まだ20世紀の真ん中だというのに！）が、イームズやアルヴァー・アールト、マルセル・ブロイヤーなど多くのデザイナーを数多く紹介する記念碑的なものとなったことからもわかるように、「意匠」や「図案」という言葉に変わって「デザイン」という言葉が定着しだした新しい時代の日本において、イームズ夫妻はアメリカの象徴的な存在となっていた。

剣持が後に「ふたりの出会いは、デザイン界ばかりでなく、一般消費者にも大きな幸福をもたらしたと言っても過言ではあるまい」と言ったように、日本人のみでなく多くの人々が彼らから大きなインスピレーションと感動を与えられてきたのだった。

チャールズが日本を訪ねたのは、おそらくこの1957年の一度きりだったと思われる。現在アメリカの議会図書館に残されているイームズ・アーカイブの中の「イサム・ケンモチ」ファイルに残された数々の私信やメモの中に、その5年前初めて彼らを訪ねた剣持が残した手書きの日本の地図がある。東京、京都、別府、長崎が記されたその地図をイームズ夫妻は終生大事にしていたが、初来日した時の羽田での第一声が「オフロドコデスカ」だったにもかかわらず、別府の温泉に行く機会は無かったようだ。

1970年の大阪万国博覧会の際には、アメリカ政府よりパヴィリオンの設計と内容構成を依頼され、一度は模型まで作ってみたようだが、実現するには至らなかった。しかし、アメリカを代表するIBMの企業館では、イームズ夫妻が考案したハウス・オブ・カードのコンピューター版が配布されている。

一方レイは1961年頃と1978年に再度来日している。3度目の来日の際にも、おきまりの黒いピナフォートと呼ばれるスカートのポケットにいつもカメラを携え、すしやそば、のれんや筆の束などフィルム4本分の写真を撮っている。(それを見ていると、レイがどれだけ優れた構図のセンスをもっており、またそれがチャールズの視線とまったく同じであることがわかる。)

その日本の旅のフィルムの最後には、飛行機の中から撮った雲の写真に続いて、久々に再会したチャールズの顔がある。日本の土産話に耳を傾け、往年の剣持との交流を思い出しているかのような横顔である。チャールズが亡くなる10日程前のことだった。

本稿を執筆するにあたり、つぎの方々にインタビューをさせていただきました。ここに厚く御礼を申し上げます。
千宗室家元、松本哲夫氏(剣持デザイン研究所)、柳宗理氏、渡辺力氏

G お茶会、イームズ邸にて(1951)
前列左より、イサム・ノグチ、山口淑子、チャーリー・チャプリン、アイリス・ツリー、フォード・レイニー
H 読売新聞1957年12月24日号 夕刊
I イームズ邸にたたずむレイ(1950ca.)

EAMES ARCHIVE
Stare into Japan: Japan Connections

Eames Design Catalog

Leg Splint

レッグ・スプリント

1943

新婚早々ロサンゼルスのアパートで成型合板の改良実験に没頭していたチャールズとレイは、この新しい技術で負傷兵のレッグ・スプリント（脚の添え木）を画期的に改良できることを知った。チャールズの脚でかたどった石膏型に合板をプレスして作ったレッグ・スプリントは、まもなく海軍から大量に買い上げられた。
金属製のものに比べ、成型合板のレッグ・スプリントは通気がよく、身体にも馴染むため、負傷兵への負担が大幅に減った。脚の構造に合わせて細部の支持力を計算し、ベニヤの数を変えて成型するという細心の作りで、両脇の細い穴には脚を固定する太いゴム紐を通した。
優雅な曲線をもつ、機能的なエルゴノミクス・デザイン。『カリフォルニア・アーツ＆アーキテクチャー』誌編集長のジョン・エンテンザが、海軍との交渉や資金援助など、量産のために大いに力を貸した。

DATA
H1068×D203×W203 mm
成型合板
1943年設計
1943-1945年製作
エヴァンス・プロダクツ社

Eames Design
Catalog

Type
Product

Link
2-1

Page
250

Children's Furniture – Chair and Stool
子供用家具−チェアとスツール
1945

第二次世界大戦が終結に向かい始めると、チャールズとレイは戦争中に蓄積した成型合板の技術を使って、ふたたび家具デザインの改良に取りかかった。そこで生まれたのがスタッキングできる子供用の椅子、テーブル、スツールのセットである。
いずれもバーチ（カバノキ）の合板にニスがけしたものと、赤、黄、青、紫、黒にアニリン染色したものがある。テーブルは脚と天板が一体成型された。椅子は脚と座をつないだピースと、背もたれのピースとを分けて成型し、後で合体させている。背もたれには小さなハート型の穴が空けられ、指で持ち上げられるようになっていたが、これがモダニストの評論家たちには不評だった。
合板子供用家具は初版5000個がエヴァンス社で生産された。「いつも清潔に使え、教室で乱暴に使われても平気、屋外でも使える」というふれこみで売り出されたが、人気は出ず、まもなく生産は打ち切りとなった。

DATA
H330×D254×W330 mm
（チェア）
H203×D254×W356mm
（スツール）
成型合板
1945年設計
1945年製作
エヴァンス・プロダクツ社

Eames Design
Catalog

Type
Product

Link
2-3

Page
251

Plywood Chair / LCW

合板ラウンジチェア

1945

座・脚・背もたれを一体成型することにこだわっていたチャールズとレイは、戦争が終わる頃には考えを変えていた。逆に、パーツを別々に作って組み合わせた方がより機能的かつ柔軟で、量産に適していることに気づいたのだ。

彼らは「ショックマウント」という丸いゴム製のパッドを特殊な技法で合板に接着させることに成功し、強度のある椅子のデザインを完成させた。この技法には30年代、クライスラー自動車が開発した電子溶接技術が応用されている。

LCW（ラウンジチェア・ウッド）とDCW（ダイニングチェア・ウッド）はいずれも前脚、後脚、背骨、背もたれ、座の5つに分かれた成型合板ピースを、ネジ止めとショックマウントで接合している。脚がスチールのLCM、DCMとともに1946年エヴァンス社で生産が開始され、1949年以降はハーマンミラー社が生産・販売している。一連の成型合板家具は同年MoMAで開かれたチャールズの個展に出品され、即座に業界の評価を得た。

1

Plywood Chair / DCW

合板ダイニングチェア

DATA

1. LCW（Lounge Chair Wood Legs）
H660×D558×W558 mm
成型合板、ゴム
1945年設計
1946-1957年製作
エヴァンス・プロダクツ社（-1949）、ハーマンミラー社

2. DCW（Dining Chair Wood Legs）
H736×D508×W483 mm
成型合板、ゴム
1945年設計
1946-1953年製作
エヴァンス・プロダクツ社（-1949）、ハーマンミラー社

2

Plywood Chair / LCM

合板ラウンジチェア

1946

脚をスチール製にしたLCM（ラウンジチェア・メタル）とDCM（ダイニングチェア・メタル）は最初、3本脚のものやT字型脚、ロッキング式など、さまざまなパターンが試作されたが、結局安定のよい4本脚に落ち着いた。脚と座の裏側、背骨と背もたれの裏側は、LCWやDCWと同様、ショックマウントとネジで接合されている。背骨は脚より微妙に太くし、合板は5層のベニヤで厚みを8ミリの薄さに抑えた。最小限の素材で「軽さと動き」を表現した、イームズ・デザインの傑作である。

当初使われた木の種類はアッシュ、バーチ、ウォールナットで、無垢のニス仕上げの他に、黒か赤のアニリン染色仕上げ、さらに毛皮、皮革、人工レザー、布地を貼ったものも売り出された。

ミース・ファン・デル・ローエはこの椅子をたいそう好み、1947年MOMAで行われた展覧会のインスタレーションの中で、合板スクリーンを背景にこの椅子を置いている。

1

Eames Design
Catalog

Type
Product

Link
2-4

Page
254

Plywood Chair / DCM

合板ダイニングチェア

1946

DATA

1. LCM（Lounge Chair Metal Legs）
H660×D610×W558 mm
成型合板、金属、ゴム
1946年設計
1946-1980年代製作
エヴァンス・プロダクツ社（-1949）、ハーマンミラー社

2. DCM（Dining Chair Metal Legs）
H760×D540×W505 mm
成型合板、金属、ゴム
1946年設計
1946年より製作
エヴァンス・プロダクツ社（-1949）、ハーマンミラー社

2

Radio

ラジオ・エンクロージャー

1946

1946年初期の状況を考えると、エヴァンス・プロダクツ社成型合板部門でイームズがラジオのエンクロージャー(筐体)を手掛けたのは、自然な成り行きだった。当時のアメリカには小さな町工場が数多く存在したが、工業のしくみが再編成される中で生き延びるためには、その工場の商品力と規模を最大限に生かせるものを製造する必要があったからである。第二次世界大戦が終わった時期、数々の合板部品の製造を経験していたことで、イームズは自分が持つノウハウをラジオ産業のために使うのに理想的な立場にあった。当時、イームズが作りたい家具とその需要との間には常にジレンマがあったが、傷ついて帰還した兵士のために活況を呈したラジオ産業に与することは、そのジレンマの短期的な解決策になった。

第二次世界大戦以前、アメリカのラジオ産業はエンクロージャーの製造によって、プラスチック業者と木製品業者の両方を潤わせていた。しかし、戦争が勃発すると、アメリカ政府は戦争に必要な素材の製造制限を義務づける。そのため、プラスチック業界はラジオ・エンクロージャーを製造することを止めなければならなかった。結果として、1945年の終戦時にはプラスチック業者は目立たない存在になっており、ラジオ機器メーカーは、そのエンクロージャーの製造をプラスチック以外の木製品や金属製品の製造業者に依頼するようになった。

金属製のエンクロージャーを使用するラジオ機器メーカーもあったが、多くの会社が木製を好んで用いた。イームズ率いるエヴァンス社成型合板部門はそういったラジオ機器メーカーからラジオ・エンクロージャーのデザインや製造を依頼され、既存デザインのものや、工程を簡素化するためにそれらをデザインし直したものを製造した。また、有名なアメリカ人デザイナーのレイモンド・ローウィ、ラッセル・ライト、そのすぐ後にイームズの親友となるアレキサンダー・ジラードなどが新たにデザインしたラジオの製造も手掛けている。

ジラードがイームズのデザインしたラジオを初めて目にしたのは1946年初めである。当時、チャールズはデトロイトにあったジラードのオフィスを訪れており、その時はジラードが不在だったが、イームズのデザインした合板製のラジオの隣にジラードがデザインしたラジオがあり、そこには「私たちは精神的に血が繋がっていると思う。出会うべきなのだ。」というメモが添えられていたという。

ラジオ・エンクロージャーの成型合板はそれ以前のレッグ・スプリントに比べて製造上の大きな違いはなかったが、間もなく成型合板の椅子を量産するイームズにとっては、その製造過程を試行し改善するよい機会になった。1947年の初めにラジオ・エンクロージャーが再びプラスチックで作られるようになると、木製のエンクロージャーは徐々にプラスチック製に置き換えられていった。その頃には、イームズ・オフィスでは有名な成型合板の椅子のデザインと製造を業務の中心とするようになっていた。(スティーヴン・カベラ)

[DATA]
1.テレトーン・ラジオ社
H186×D170×W295 mm
2.エマーソン・ラジオ・コーポレーション
H193×D152×W300 mm

[エンクロージャー部分]
成型合板
1946年設計
1946-1952年製作
エヴァンス・プロダクツ社

1

2

Eames Design
Catalog

Type
Product

Link
2-3

Page
256

Plywood Folding Screen / FSW6

合板折り畳み式スクリーン

1946

戦争時代から成型合板でさまざまな立体フォルムの実験を繰り返していたチャールズとレイは、この素材で便利なスクリーンが作れることを思いついた。折り畳み式のスクリーンができれば、軽くて持ち運びも簡単である。

幅約24センチのベニヤを3層重ね、断面がU字型にカーヴするよう成型して、ビニライト・テープで繋ぐと、柔らかな曲線と風合いのスクリーンができた。ビニライト・テープは戦争中に開発された新素材である。しかし、頻繁な折り畳みに耐えないことが分かったため、繋ぎはキャンヴァス地に切り替えられた。合板スクリーンは低いタイプのものは高さ約87センチ、高いタイプのものはその2倍の173センチで、フルに広げた時の幅は150センチになる（6枚パネルの場合）。

椅子と同様、最初はエヴァンス社、後にハーマンミラー社から発売されたが、キャンヴァス地を合板の切り込みに差し込んで接着する作業コストが高くつきすぎ、1955年に生産中止となった。

DATA
H1730×D125×W1500 mm
成型合板
キャンヴァス地
1946年設計
1946-1955年製作
エヴァンス・プロダクツ社
(-1949年頃)
ハーマンミラー社

Eames Design Catalog | Type Product | Link 2-3 | Page 257

Plywood Table

合板テーブル

1945-50

LCWとLCMに適するコーヒーテーブルは、脚が合板製のもの（CTW）とスチール製のもの（CTM）がデザインされた。椅子と同じく、初めは3本脚のものも作られたが、やはり安定性を欠くため、4本脚に一本化された。
スチールの脚はそれぞれが1本のものと、細いV字型のものがあった。天板には円形のものと長方形のもの（OTW）があり、長方形タイプは厚みのある合板、円形タイプは薄手の合板で作られ、周囲が少し高くなっているところは、大きなトレイを思わせた。ダイニングテーブル（DTW-1）は合板の脚のノックダウン方式で、天板は厚みのある長方形だった。
コーヒーテーブルもダイニングテーブルもすべて、チャールズとレイの工作所であったエヴァンス社成型合板部門で製作していたが、ハーマンミラー社が製造権を買い取って間もなく、生産中止となった。

DATA
DTW-40
（Detachable Table Wood Legs）
H720×D860×W860 mm
合板
1950年設計
1950-1950年代前半製作
ハーマンミラー社

Eames Design
Catalog

Type
Product

Link
2-4

Page
258

DATA
1.DTW-1（Dining Table Wood Legs）
H737×D1219×W1520 mm
成型合板
1945年設計
1946-1949年製作
エヴァンス・プロダクツ社

2.OTW-1（Occasional Table Wood Legs）
H400×D608×W886 mm
成型合板
1945年設計
1946-1957年製作
エヴァンス・プロダクツ社（-1949）、ハーマンミラー社

3.CTM（Coffee Table Metal Legs）
H394×DIA864 mm
成型合板、金属
1945年設計
1946-1957年製作
エヴァンス・プロダクツ社（-1949）、ハーマンミラー社

4.CTW（Coffee Table Wood Legs）
H394×DIA864 mm
成型合板
1945年設計
1946-1957年製作
エヴァンス・プロダクツ社（-1949）、ハーマンミラー社

Plywood Folding Table

合板折り畳み式テーブル

合板テーブルの脚はMoMAの展覧会の後、折り畳み式に切り替えられた。コンパクトで移動しやすいことを、デザイン上優先させたのだろう。正方形のカードテーブル（ブリッジにちょうど良い）、長方形のダイニングテーブル、低い長方形の臨時用（あるいは子供用）テーブルなどのヴァリエーションが作られた。

天板の裏側の少し内側を隆起させ、さらにその内側に、折り畳んだスチール製の脚がすっぽりと収まる設計である。脚にはそれぞれV字型の補強材が付けられていた。4本の脚を折り畳むと、美しい幾何学模様ができる。裏を返した時にさらなる美しさを発見させる、奥行きの深いデザインである。

このテーブルシリーズはカークマンという下請会社が製造してハーマンミラー社に卸していたが、天板の仕上げに苦労した。合板は熱や浸みに弱く、当時の技術ではまだ、食卓として使うテーブルには扱いにくかったのである。生産は1964年で中止となった。

DATA

DTM-1
（Dining Table Metal Legs）
H724×D1372×W864 mm
合板、金属
1947年設計
1947-1964年製作
カークマン・マニュファクチャリング（-1950）、ハーマンミラー社

Eames Design
Catalog

Type
Product

Link
2-4

DATA
1.IT-1（Incidental Table）
H432×D457×W533 mm
合板、金属
1947年設計
1947-1954年製作
カークマン・マニュファクチャリング
（-1950）、ハーマンミラー社

DATA
2.3.DTM-20
（Dining Table Metal legs）
H724×D864×W864 mm
合板、金属
1947年設計
1947-1964年製作
カークマン・マニュファクチャリング
（-1950）、ハーマンミラー社

La Chaise

ラ・シェーズ

1948

Eames Design
Catalog

Type
Product

Link
2-5

MoMAの「ローコスト家具デザインコンペ」で選外佳作となり「優美なフォルムと、興味深い構成」を称えられたラ・シェーズ。シェルは2枚の極薄成型ファイバーグラスを合わせ、端はしっかり密着させながら、座の中央部は約25ミリ厚の空洞にし、断熱材で満たした。この工法だと驚くほどの強度が生まれ、しかも軽い。張り地はなし。5本のスチールバーが十字にクロスした木製のベースに載り、シェルを支えている。1990年から生産が開始された。

DATA
H870×D825×W1500 mm
FRP、ゴム、スチレン
金属、木材
1948年設計
1990年より製作
ヴィトラ社

Eames Storage Unit

イームズ・ストレージ・ユニット

1949

DATA
400 Series
H1470×D430×W1193 mm
合板、マソナイト、金属
1949年設計
1950-1955年製作
ハーマンミラー社

Eames Design
Catalog

Type
Product

Link
2-6

Page
264

［ケース・グッズ］と呼ばれる成型合板のユニット収納家具は、1940年MoMAのオーガニック家具デザインコンペでその原型となるものが提案されていた。細長いベンチの上にユニットサイズの棚や引出やキャビネットのボックスを自由に組み合わせて載せる、という仕組みである。引き戸に使われた成型合板には、大きな水玉のエンボス加工が施された。この「エクボ」は頻繁な使用に耐えるよう強度を出し、反りを抑えるための工夫だった。

ケース・グッズはその後、イームズ・ストレージ・ユニット（ESU）に発展し、1950年から5年間販売された。ESUはモジュールユニットで構成され、多数の組合せが可能な、家庭・オフィス兼用の収納システムである。構成素材はラミネート合板、成型合板、ニス仕上げのマソナイト（断熱用硬質繊維板）、スチール。同じラインでデスクも作られた。モジュールによるカラフルな平面構成と、既製品の応用はイームズ邸と共通している。

| Eames Design | Type | Link | Page |
| Catalog | Product | 2-6 | 265 |

Plastic Armchair

プラスチック・アームチェア 1949-53

1948年MoMAの「ローコスト家具デザインコンペ」で2位に入賞したアームチェア。コンペ案は金属板の型押しでシェルを作ったが、量産が困難なためFRPに切り替えられた。座と背もたれと肘掛けを一体成型したデザインは、1940年やはりMoMAのコンペでサーリネンと提案したアイデアを完璧に実現するものだった。FRPには軽い、強い、柔軟に扱えるという優れた性質がある。一体成型されたシェルは、ショックマウントの技術によって脚に頑丈に取り付けられた。脚は航空技術を応用したといわれるエッフェル塔構造のスチール製、直線のスチールバー製、木とスチールの混合、ロッキング式、回転式などさまざまなヴァリエーションが作られた。エッフェル塔タイプには独特の弾力性がある。スチールは無垢か黒のクロームめっき仕上げ。シェルにはFRPのみのものと、さまざまな色のフォームラバーや布地を張ったものが用意された。1950年、2000個が初版生産され、現在に至っている。1954年にはFRPのアームチェアとサイドチェアのシェルを一列に合体させたスタジアム・シーティングが開発された。イームズの家具はまず基礎がしっかりと築かれ、後にさまざまな用途に応用デザインされていった。

DATA
Prototype
H760×D590×W680 mm
FRP (ファイバーグラス強化プラスチック)
ゴム、金属
1949年設計
1949年製作

1949年のプロトタイプ。シェル部分は手作り。アームレストは肘ではなく手を休めるよう反り返っている。エッフェル塔ベースも初期のもので、滑り止めにはボール状のプラスチックが使われた。この後さまざまな改良を経て1950年の完成モデルに到達した。

Eames Design Catalog | Type: Product | Link: 4-1

DATA
1. Pre-product　　　　　　　　　　　　　　　　H787×D610×W635 mm　　FRP、ゴム、金属
2. DAX（Dining Height Armchair X-base）　　　　H787×D610×W635 mm　　FRP、ゴム、金属
3. DAW（Dining Height Armchair Wood Base）　　H797×D610×W635 mm　　FRP、ゴム、金属、木材
4. PAW（Pivot Armchair Wood Base）　　　　　　H794×D610×W635 mm　　FRP、ゴム、金属、木材
5. DAR（Dining Height Armchair R-Wire Base）　　H810×D610×W635 mm　　FRP、ゴム、金属
6. LAX（Lounge Height Armchair X-base）　　　　H699×D610×W635 mm　　FRP、ゴム、金属

1950-1953年設計／1953-1989年製作／ジーニス・プラスチックス社（-1953）、ハーマンミラー社

1

2

3

4

5

6

DATA
1. LAR（Lounge Height Armchair R-Wire Base） H622×D622×W635 mm FRP、ゴム、金属
2. RAR（Rocking Armchair R-Wire Base） H683×D686×W635 mm FRP、ゴム、金属、木材
3. PAC（Pivot Armchair on Cast Base） H826×D610×W635 mm FRP、ゴム、金属
4. DAT（Dining Height Armchair Tilt Swivel Base） H876×D584×W635 mm FRP、ゴム、金属
5. DAX（Dining Height Armchair X-Base） H787×D610×W635 mm FRP、ゴム、金属
6. LAR（Lounge Height Armchair R-wire Base） H508×D584×W635 mm FRP、ゴム、金属、生地

1950-1953年設計／1953-1989年製作／ジーニス・プラスチックス社（-1953）、ハーマンミラー社

DATA
LAR（Lounge Height Armchair R-Wire Base）
& Ottoman
H622×D622×W635 mm（チェア）
H330×D400×W450 mm（オットマン）
FRP、ゴム、金属、合板、生地
1950-1953年設計
1953年製作
ジーニス・プラスチックス社（-1953）
ハーマンミラー社

Plastic Side Chair

プラスチック・サイドチェア 1950-53

[サイドチェア]と呼ばれるこの椅子ほど世の中に行き渡った家具も珍しいだろう。アームチェアの肘掛けの部分をそぎ落としたスリムなサイドチェアは、シンプルで柔らかく、いつまでも飽きの来ない絶妙なラインでデザインされている。当初シェルはFRPの無垢だけで作っていたが、ほどなくさまざまな色が加えられた。オフホワイト、グリーン、グレージュ、赤、レモンイエロ、等々、どれも50年代を象徴するポップな色である。さらにデザイナーのアレキサンダー・ジラードがデザインした布張りタイプも作られたが、ユニークなのは「ハーレクィン」と呼ばれるタイプ。これは座と背もたれの境を2本のラインで仕切り、4色の布地を縫い合わせている。脚はアームチェアと同様、いくつものヴァリーエションがあり、90年代まで生産された。1970年に制作された短編映画[ザ・ファイバーグラス・チェア]は、このサイドチェアのFRPのシェルが手作業で作られていく製造工程を記録したものでる。FRPのシェルはセンチュリー・プラスチックス（元ジーニス社）が製造していた。20世紀のアイコンにもなったこのサイドチェアは、後のラ・フォンダ・チェアやタンデム・シーティングのベースにもなった。

DATA

DSR (Dining Height Side Chair R-Wire Base)
H790×D559×W470 mm
FRP、ゴム、金属
1950-1953年設計
1953-1990年代製作
ハーマンミラー社

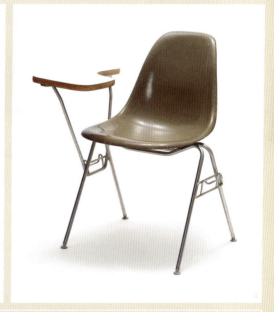

```
DATA
1.DSR (Dining Height Side Chair R-Wire Base)              H790×D559×W470 mm     FRP、ゴム、金属
2.DSG (Dining Height Side Chair Wall Guard Base)          H794×D597×W470 mm     FRP、ゴム、金属
3.LSR (Lounge Height Side Chair R-Wire Base)              H660×D552×W501 mm     FRP、ゴム、金属
4.DSS-TA (Dining Height Side Chair Stacking Base Table)   H800×D670×W650 mm     FRP、ゴム、金属、ラミネート合板

1950-1953年設計／1953-1990年代製作／ハーマンミラー社
```

Eames Design	Type	Link	Page
Catalog	Product	4-1	271

Stacking Chair

スタッキング・チェア

1955

FRPのサイドチェアは、その後さまざまなヴァリエーションに発展していったが、そのひとつがスタッキング・チェアである。これはU字型のスチールバーを2本合わせ、脇が逆V字型になるよう広げて前脚と後脚として、スタッキングできるようにしたものだ。さらに両サイドにはフックが付けられ、縦に重ねるだけでなく、横にも無限に繋げられるようにしてある。たくさんのチェアを一度に運べるよう、専用の台車もデザインされた。

DATA
DSS (Dining Height Side Chair Stacking Base)
H800×D590×W670 mm
FRP、ゴム、金属
1955年設計
1950年代中頃-1990年代製作
ハーマンミラー社

Eames Design
Catalog

Type
Product

Link
4-1

Page
272

Low Table Rod Base / LTR | ローワイヤー・テーブル　　1950

FRPの椅子や折り畳み式テーブルで開発されたスチール製の脚のデザインは、背の低い小さなローワイヤー・テーブル（LTR）に応用された。ここではU字型のスチールバーを2本、天板の裏に取り付け、それより若干細いバーを斜めに渡しあって補強している。
天板は厚さ2センチ弱の合板に、黒か白のラミネート加工を施すか、無垢のベニヤ板を貼り、角を丸く削った。露出した合板の断層の模様が、無地の天板と美しいコントラストをなしている。白のラミネート加工のタイプは現在も販売されている。
このロー・テーブルを使って、チャールズとレイは日本風のパーティを開くことがあった。1951年、[イームズ邸]で撮られた写真には、チャーリー・チャップリン、イサム・ノグチ、シャーリー・ヤマグチ（李香蘭）らがロー・テーブルを前に正座して並んでいる姿が写っている。

DATA
H254×D340×W397 mm
合板、金属
1950年設計
1950年より製作
ハーマンミラー社

Eames Design
Catalog

Type
Product

Link
4-1

Page
273

Elliptical Table Rod Base / ETR
エリプティカル・テーブル

1951

全長約226センチの細長い楕円形のエリプティカル・テーブル（ETR）は、ロー・テーブル（LTR）とまったく同じ素材で作られた、ごく低いコーヒーテーブルである。ただし脚はLTRと同じものを2組、極力離して使い、長い天板をのせた。天板は黒のラミネート加工のみで、白は作られていない。

このコーヒーテーブルの楕円のフォルムはじつに優美で、黒い天板の上だとどんなオブジェを置いても映える。以前の折り畳み式テーブルなどに比べ、かなりスタイリッシュで洗練されたデザインのテーブルである。

LTRが使われた写真が示しているとおり、チャールズたちは日本の生活様式に強い関心を抱いていた。自邸のデザインにもそれは現れているが、彼らはそこでお茶会も開いた。床に座っても使えるETRやLTRのデザインは、東洋文化への憧憬を表していたのかも知れない。ETRは1951年から1964年まで生産されていた。

DATA
H254×D724×W2261 mm
ラミネート合板、金属
1951年設計
1951-64年製作
ハーマンミラー社

Wire Mesh Chair

ワイヤーメッシュ・チェア　1951-53

DATA
DKR (Dining Height K-Wire Shell R-Wire Base)
H813×D525×W470 mm
金属、生地
1951-1953年設計
1951-1967年製作
バナー・メタルズ社

FRPのサイドチェアは、シェル（座面）の部分をワイヤーメッシュに替えることでさらに新しい椅子に発展した。以前から金物カゴの美しさに引かれていたチャールズとレイは、力がかかる部分とそうでない部分を、最小限のワイヤーを巧みに配分して荷重を支えるようにし、まわりだけワイヤーを2本にして強度と安定性を出した。

この椅子は有名なハリー・バートイアの椅子［ダイヤモンド・チェア］とよく比較されるが、バートイアはシングルのワイヤー格子を全体に使っている。これは単に造形だけでなく構造デザインの違いでもある。イームズのワイヤーメッシュ技術は、アメリカ初の意匠特許を獲得している。金属素材で家具を作ることは、チャールズの強い念願だった。

脚はFRPの椅子と同様、エッフェル塔タイプ、木製とスチールの混成タイプ、ロッキング式、低いワイヤーベースなどさまざまなヴァリエーションがあり、高めの製図用チェアもある。シェルは黒か白のワイヤーメッシュのみのものと、張り地で覆ったものが用意された。後者はシェル全体をツイード、皮、ビニール、リネンいずれかの生地で全体を覆ったタイプに加え、ビキニ・タイプがある。ビキニ・タイプは背もたれと座の境で2本のラインをクロスさせ、左右の三角形をカットしてある。このワイヤーメッシュ・チェアもFRPの椅子と並び、もっともポピュラーなイームズ・デザインのひとつになった。

```
DATA
1.DKR (Dining Height K-Wire Shell R-Wire Base)    H813×D525×W470 mm    金属
2.DKR-2 (Dining Height K-Wire Shell R-Wire Base)  H813×D525×W483 mm    金属、生地
3.DKR-1 (Dining Height K-Wire Shell R-Wire Base)  H813×D525×W483 mm    金属、生地
4.PKW-1 (Pivot K-Wire Shell Wood Base)            H813×D525×W483 mm    金属、生地、木材
```

1951-1953年設計／1951-1967年製作／バナー・メタルズ社

Sofa Compact

ソファ・コンパクト

1954

ノックダウン式のソファ・コンパクトは折り畳み式のワイヤーソファ（1951）の技術を応用したもので、［イームズ邸］のラウンジ用に作られたソファをベースにデザインされた。ワイヤーソファよりも部材を減らし、コストを下げており、上下ふたつに折り畳める背もたれ用のウレタンフォーム・パッドをスプリングのベースに載せ、クロームめっき仕上げした2本のスチール脚で支持している。パッドのカバーには皮、ビニール、布地のオプションが用意された。

DATA
H736×D660×W1829 mm
金属、生地
ウレタン・フォーム・パッド
1954年設計
1954年より製作
ハーマンミラー社

Eames Design
Catalog

Type
Product

Link
4-1

Page
278

Stephens Speaker

スティーヴンス社スピーカー

1956

スティーヴンス・トルソニック社はハイファイ・オーディオ機器メーカーとして有名だったが、そのデザインについても他社とは一線を画すものがあった。イームズ・オフィスがデザインを手掛けたこのスピーカーは、同年（1956）に発表されたラウンジチェアの脚部を流用したもの。イームズが1940年代に手掛けたラジオのエンクロージャーとは違い、このスピーカーでは、音響に直接関係する構造面にも踏み込んだデザインになっている。

DATA
H723×D335×W756 mm
スピーカー・ユニット、成型合板
アルミニウム
1956年設計
1956-1958年製作
スティーヴンス・トルソニック社

Eames Design
Catalog

Type
Product

Link
4-1

Page
279

Lounge Chair and Ottoman
ラウンジチェア＆オットマン

1956

Eames Design
Catalog

Type
Product

Link
4-1

Page
280

ラウンジチェア&オットマンのデザインは、1940年MoMAが主催した「オーガニック家具デザインコンペ」の優勝案にルーツがある。ただし、ローコストをモットーとしていた当時のミニマルな材料指向とは逆に、こちらはふかふかの黒のレザークッションがついており、いかにもリッチで高級感ある佇まいである。成型合板の素材としては当初ローズウッドが使われたが、現在はウォールナットやチェリーに替わっている。彼らの家具づくりの姿勢は、ラウンジチェア&オットマンの頃から変わり始めたようだ。このセットは今も生産されている。

チャールズは「使いこまれた野球のミットのように、暖かく包み込むような」椅子を作りたいと考えていた。そして、最高の座り心地と言われるイギリスのジェントルマンズ・クラブの革張り椅子を「現代アメリカ版」に仕立てた。短編映画[イームズ・ラウンジチェア]はこの椅子セットをフィーチャーしたもので、テレビ放映用に5日間で制作された。

```
DATA
H834×D834×W834
H436×D559×W660
成型合板、アルミニウム
レザークッション、ゴム
1956年設計
1956年より製作
ハーマンミラー社
```

Aluminum Group

アルミナム・グループ

1958

DATA
Lounge Chair
H940×D824×W655 mm
アルミニウム、ノーガハイド
1958年設計
1958年より製作
ハーマンミラー社

DATA
Desk Chair
H830×D550×W560 mm
アルミニウム、生地
1958年設計
1958年より製作
ハーマンミラー社

DATA
Lounge Chair
H940×D824×W575 mm
アルミニウム、生地
1958年設計
1958年より製作
ハーマンミラー社

アルミニウムをベースとした家具シリーズは、エーロ・サーリネンが設計するミラー邸のインテリアを担当していたアレキサンダー・ジラードの依頼によってデザインされたもので、屋外にも使えることが条件だった。

構造の部分にはすべてアルミニウムを使い、座と背もたれには当初新しい合成繊維が使われる予定だった。（「サラン・ウィーブ」と呼ばれるこのシート地はイームズ・オフィスとジラードが共同開発したもの。）生地の左右は両サイドのリブ、上下は座の先端と背の上端のバーに固定して引っ張っている。両脇のリブは、背もたれの裏側を横断するもう1本のアルミバーで繋ぎ、ハンドルとしても使えるようにした。

この椅子は屋外・屋内兼用ということで、当時流行していたハンモックに着想を得てデザインされた。お尻と背をカバーする1枚のパッドは、ハンモックの屋内版というわけだ。50年代はアルミニウムの商品化が進んだ時代でもあった。

Executive Chair & Walnut Stool

エグゼクティブ・チェア ＆ ウォールナット・スツール

1960

1960年、イームズ・オフィスはロックフェラー・センターに新築されるタイム＝ライフ・ビルのために、椅子を新しくデザインした。ロビーにも会議室にも使える回転椅子である。座と背もたれは、基盤となる成型合板シェルにパッドを乗せ、レザー地でカバーした。サイズは1958年のラウンジチェアよりもやや小ぶりである。同じラインのデスクチェア（エグゼクティブ・チェア）と木製スツール（ウォールナット・スツール）も作られた。タイム＝ライフ・チェアは1972年世界チェス大会に使われ、ステータスシンボルとなった。

DATA
Executive Chair
H889×D610×W610 mm
アルミニウム、成型合版
レザークッション
1961年設計／1961年より製作
ハーマンミラー社

DATA
Walnut Stool
H383×DIA327 mm
木材
1960年設計
1960年より製作
ハーマンミラー社

Eames Design
Catalog

Type
Product

Link
4-2

La Fonda Chair

ラ・フォンダ・チェア

1961

同じくタイム＝ライフ・ビルのレストラン「ラ・フォンダ・デル・ソル」のために作られたラ・フォンダ・チェアは、FRPのアームチェアとサイドチェアをベースにしている。ただしレストラン設計者のアレキサンダー・ジラードの依頼で、背もたれはテーブルの下にすっぽり隠れるよう低くし、シェルはウール地で覆った。バー用のサイドチェアはFRPのシェルを人工レザーで覆い、底部が十字型に広がった頑丈な脚にショックマウントで固定している。

```
DATA
Armchair
H730×D640×W570 mm
FRP、生地、アルミニウム
1961年設計
1961年より製作
ハーマンミラー社
```

Tandem Sling Seating

タンデムスリング・シーティング

1962

空港の拡張と新築が進んだ50年代末、イームズ・オフィスはダレス空港とオヘア空港の椅子を依頼され、タンデムスリング・シーティングを共同開発した。背もたれと座になる強靭なパッドは付け替えが可能で、アルミニウム製のフレームに引っ張られ、スチール製の頑丈な梁と脚に支えられている。現在は2〜6人掛けの1列式と、10〜12人掛けの2列式がある。この椅子は空港ターミナルの風景と切っても切り離せない、やはり20世紀のアイコンと言えるだろう。

DATA
H865×D690×W2460 mm
アルミニウム、ノーガハイド
ウレタン
1962年設計
1962年より製作
ハーマンミラー社

3473 Sofa

3473ソファ

1964

ソファコンパクトを一層改良したのが3473ソファである。2本の脚はキャスト・アルミ製、座と背もたれのクッションを支える内部のフレームはスチール製である。クッションは成型合板を土台とし、厚さ7センチ強のウレタンフォームと厚さ2.5センチのポリエステル（ダクロン）を重ねたものを、人工レザーで覆った。後に人工レザーは布地に変わったが、ソファのディテールをフォローするのにコストがかかりすぎるという理由で、現在は生産されていない。

DATA
H840×D820×W1850 mm
アルミニウム、ウレタン・フォーム
合板、生地
1964年設計
1964-1973年製作
ハーマンミラー社

Segmented Base Table | セグメンテッドベース・テーブル | 1964

アルミナム・グループの脚を応用したセグメンテッドベース・テーブルは、ユニット連結のシステムによって、机の長さが調節できるよう設計されている。アルミニウム製の脚ユニットは、ベースの位置でスチール製のコネクターで連結し、最長6.6メートルまで伸ばすことが可能で、それに合わせた長さの天板も用意されている。天板は厚さ約1.8センチの一枚ベニヤ、プラスチック、白いイタリア大理石の素材が選べ、フォルムも円形、長方形、楕円形がある。

```
DATA
Single Base
H700×DIA1205 mm
合板、アルミニウム
1964年設計
1964年より製作
ハーマンミラー社
```

Eames Design
Catalog

Type
Product

Link
4-2

Intermediate Desk Chair

インターミディエイト・デスクチェア **1968**

タイム=ライフ・ビルの重厚な椅子をベースに、普及型のオフィス家具としてデザインされたインターミディエイト・デスクチェア。アメリカではすでにオフィスの近代化と増加が始まり、新しいオフィス製品がつねに求められていた。背もたれと座は黒皮か人工レザーで覆われ、アルミニウム製の両肘の下の支持材に固定された。脚は回転式で、十字型のベースの先端にはキャスターが付いていたものもある。しかし生産コストが高すぎるため、1973年に販売中止となった。

DATA
H785×D580×W650 mm
アルミニウム、レザークッション
合板
1968年設計
1968-1973年製作
ハーマンミラー社

Eames Design
Catalog

Type
Product

Link
4-2

Page
290

Chaise

チェイス

1968

ル・コルビュジエの寝椅子を彷彿とさせるチェイスは、映画監督ビリー・ワイルダーのためにデザインされたものである。脚はアルミニウム製、ベースはファイバーレジンと呼ばれるプラスチック製で、その上にウレタンフォームをポリエステル繊維と黒皮でくるんだ柔らかなパッドが6つ置かれている。ベースに固定されているのはふたつで、残りはジッパーで繋がれている。幅を狭くしたのには合理的な理由があったが、残念ながら監督にはあまり歓迎されなかったという。

DATA
H754×D455×W1943 mm
アルミニウム、レザークッション
ファイバーレジン
1968年設計
1968年より製作
ハーマンミラー社

Soft Pad Group

ソフトパッド・グループ

1969

ソフトパッド・チェアはアルミナム・グループ・チェアの構造をベースにしているが、名前の通り、布張りの柔らかなパッドを座と背もたれにそれぞれ貼りつけている。パッドの中身はチェイスと同じく、ウレタンフォームをポリエステル繊維と黒皮でくるみ、ジッパーで繋いだもので、現在は皮の他に布地でくるんだパッドもある。このグループにはサイドチェア、ハイバックのエグゼクティブ・チェア、ラウンジチェア、オットマンが揃っている。

> **DATA**
>
> 1. Executive Chair
> H1015×D560×W585 mm
> アルミニウム、レザークッション、皮革
> 1969年設計
> 1969年より製作
> ハーマンミラー社
>
> 2. Management Chair
> H840×D560×W585 mm
> アルミニウム、レザークッション、皮革
> 1969年設計
> 1969年より製作
> ハーマンミラー社

1

2

Drafting Chair

ドラフティング・チェア

1970

脚が回転し、高さが調節できる製図用の椅子。シェルはFRPのサイドチェアとアームチェアを応用したものがあり、薄いウレタンフォームのパッドをビニールか布地で覆って、シェルに貼り付けたものもある。シェルを支持する太いバーはスチール製で、アルミニウム製の底部へと連結している。脚を乗せるリングもアルミニウムでできている。

DATA
H970×D510×W510 mm
FRP、金属、アルミニウム
1970年設計
1970-1980年代製造
ハーマンミラー社

Two-Piece Plastic Chair

ツーピース・プラスチックチェア

1971

センチュリー・プラスチックス社はプラスチック樹脂を使って座と背もたれをショックマウントと一体成型する技術を開発した。ツーピース・プラスチックチェアは、成型合板で作られたDCMの座と背もたれにこの新技術を応用したものである。同年に発表されたツーピース・セクレタリアル・チェアは、そのシェルを回転脚に載せたもので、成型ポリエステルを厚いパッドで覆って座と背もたれを作った。背骨はスチール製で、後ろにぐっとリクライニングすることができる。

```
DATA
H778×D475×W495 mm
プラスチック、金属、生地
ウレタンフォーム
1971年設計
1971-1981年製作
ハーマンミラー社
```

Eames Design
Catalog

Type
Product

Link
4-2

Loose Cushion Armchair

ルースクッション・アームチェア

1971

成型ウレタンフォームという新素材は立体的なフォルムが作り出せるため、カバー地を引っ張る必要がなく、柔らかくてしかも強度があるという利点を持っている。この特性を活かしたのがルースクッション・アームチェアで、シェルの内側をこの成型ウレタンフォームで覆っている。この素材を使うと、ウレタンフォーム、シェル、張り地を一度に成型・合体することが可能となる。椅子はデスクチェア、ラウンジチェア、会議チェアのいずれにも使える。

DATA
H870×D645×W680 mm
ポリウレタン・フォーム
アルミニウム、生地
ポリエステル・シェル
1971年設計／1971年より製作
ハーマンミラー社

Eames Sofa

イームズ・ソファ

1984

イームズ・ソファはこのタイプの前身であるソファ・コンパクトや3473チェアをベースに作られた。プロトタイプと製造技術はヴィトラ社と共同開発したが、デザインの途中でチャールズが亡くなり、その後残されたスタッフが完成させたという、イームズ・オフィス最後の家具である。ソフトパッド・グループやチェイスの仲間として考えられたこのソファは、座と背もたれの支持材にチーク(当初はチーク&レザー・ソファとも呼ばれた)という高級木材が使われた。現在はウォールナットもある。

DATA
H840×D760×W2030 mm
木材、レザークッション
アルミニウム
1984年設計
1984年より製作
ハーマンミラー社

合板（プライウッド）の真実

プロダクトの技法と素材 01

アルヴァー・アールトやブルーノ・マトソン等、イームズ以前にも合板を椅子の主要パーツに使って成功したデザイナーは存在する。また、木の小片を接着した合板の一種は、古代エジプトの時代でも家具や棺の表面に使われていた。もちろん、20世紀初めに低価格の素材として広く使われるようになる以前も、工業素材としてたびたび用いられている。近年は大型の合板製造機が発明されたことで、大面積の合板は工業過程のさまざまな状況で使用されるようになった。

しかし、なぜイームズの合板家具がその革新性を高く評価され、興味の対象となっているかというと、合板を実用的かつ彫刻的な複合曲面に成型し量産することに彼らが初めて成功したからである。1940年代初期に巨大で美しい合板の彫刻をレイが製作したことで勢いづいたイームズ夫妻は、間もなく成型合板のまったく新しい使い方を発見した。

合板は、非常に薄い数枚の木の板と接着剤を層状に重ねたものに圧力を加えて作られる。薄い木の板は、2～15枚が強度を増すために木目の方向を互い違いにしてセットされる。薄い板は成型しやすいので、そこに接着剤を加え、電磁波による熱で乾燥させてそのままの形に固定する。イームズの合板はさまざまな厚さの2～12層の板でできていた。

彼らの家具デザインのうちのいくつかは、LTRやイームズ・ストレージ・ユニットのカラフルな棚のように、出来合いの合板を使って製造されている。一方、他の多くの家具ではそれぞれのために成型された合板を必要としたので、最初はエヴァンス社成型合板部門が、後にハーマンミラー社がそれらを製造した。

イームズは合板の表面素材としてバーチ、マホガニー、ウォールナット、オークを主に用いている。しかし、ある種の材質については、同様の合板製造法を用いるのが難しいことが分かっていた。例えばローズウッドは曲げすぎると木地が裂けやすい。そのため、特に初期はローズウッド素材の合板が用いられた例は非常に少ない。

最初期のイームズの合板家具は、屋内・屋外両方で使われるものとしてデザインされていた。そのため、合板製の椅子やテーブルは、その後のような透明ラッカーではなく、透明で防水性のあるメラミン・プラスチックでコーティングされていた。しかし、特に冬の寒さによる木地の傷みは明らかで、屋内・屋外両用という望みは現実的でないことがわかった。合板製品の使用環境の限界を知ることで、イームズは屋内でも屋外でも使えるプラスチック・チェアの必要性と有用性を確認し、その研究を進めていった。（カベラ）

ショックマウントの真実

プロダクトの技法と素材 02

イームズがデザインした成型合板の椅子では、座板や背板とフレームはショックマウントと呼ばれるゴム製のパーツによって連結されている。イームズ・オフィスは第二次世界大戦中に、カリフォルニア南部の電子機器産業や飛行機産業の会社と共同作業をする過程でこの部品の存在に注目した。電子機器についての技術はイームズ・オフィスの初期の製造過程の中で重要な役割を担っていた。同時に、イームズは自らが合板部品を手掛けた飛行機で、精密な電子機器やナヴィゲーション機器をエンジンの振動から守るために、ゴム製のショックマウントが使われていることを知っていた。

これらのショックマウントの構造は非常に単純である。薄いゴム製の板が、より薄い金属製の板状のパーツを包み、ボルトが貫通するように中央に穴が開いている。金属製のパーツにはゴムの中で固定されるようにさらに数個の穴がある。このショックマウントを挟んで合板製の座面とフレームは連結された。

ゴム製のショックマウントは、柔軟性があるために座り心地を良くするという役目も果たすことになる。唯一の大きな問題点は、ゴム製のショックマウントを合板の表面に接着することだった。当時の接着剤は十分に発達していなかったため、変形しやすいゴムと堅い合板をしっかりと結合する接着剤の入手は容易でなかった。この点は、接着の際に電磁波を照射することにより解決した。

1946年、イームズによってデザインされた可動式の大きなドラム型の装置が、成型合板チェアのショックマウントの強度と柔軟性をデモンストレーションするために使われた。その年にMoMAで開催された「チャールズ・イームズの新しい家具展」で、成型合板の椅子は大きなドラムの中に置かれ、それを回転させても壊れないということを観客に示した。

1950年には、同じようなショックマウントがプラスチック・チェアの連結部に使用された。また、1956年のラウンジチェア＆オットマンでも同様のショックマウントが使われている。（カベラ）

前脚結合部分のネジはエヴァンス社製は5本だが、ハーマンミラー社製は4本に変更された。(DCW/LCW)

エヴァンス社製の中でも最初期のフレームは、背板後ろ部分がほぼ段差なく溶接されていた。(DCM/LCM)

最初期のジーニス社製アームチェアのシェルはショックマウントが大きく、縁にロープが入っていたが、その後はひとまわり小さくなる。

サイドチェアのシェルは縁の溝が深くなり、ショックマウント用の平らな部分が8カ所に変更された。

ファイバーグラスについて

プロダクトの技法と素材

ファイバーグラスは、イームズがプラスチック・チェアのシェル（座面）を作るために、プラスチック樹脂と共に使用した素材である。イームズがファイバーグラスを使った椅子を発表する10年以上前から、この素材はすでに実用化が始まっていた。ファイバーグラスは夢の新素材として1939年の世界博覧会で披露されたものの、第二次世界大戦の勃発までは適切な使い方があまり見つからなかった。しかし、軽量で防水性のある金属の代替素材としてアメリカ政府の関連機関が使い始め、戦後は軽工業でも同様の使い方がされるようになった。

1940年にMoMAが開催したオーガニック家具デザインコンペ（エーロ・サーリネンとチャールズが共同で出品した成型合板家具が入選した）で、成型プラスチック製の椅子が出品されていたという面白い事実がある。ジェイムズ・プレスティニによるその椅子は、木屑で強化したプラスチック樹脂をふたつの型で圧縮し、一体成型したものだった。

その7年後の1947年（イームズのプラスチック・チェアが発売される3年前）には、ファイバーグラスを主な構造体として使用したアメリカで最初の家具がラム・アソシエイツというニューヨークの小さな工場で製造された。このテーブルはファイバーグラス製の天板を3本の簡素な木の脚で支えており、天板の下部に電球用のソケットが付いていて天板上面を発光させるという、ファイバーグラス独特の透明性を生かしたものになっている。

ジーニス社との接触の後、チャールズは一体成型プラスチック・シェルの製造過程を変更した。そして1949年末にはその製造に成功し、ジーニス社が1950年の初めにプラスチック・アームチェア用のシェルを量産し始めた。試作段階のプラスチック・チェアは縁の部分が欠けたり割れたりしやすかったため、初期の量産型シェルの縁にはファイバーグラス製のロープが埋め込まれた。その後、強度を増すようにシェルの縁の造型が微妙に変更され、ロープは取り去られた。

一体成型の椅子を作るための新しい手段としてファイバーグラスを使うことをイームズが決定した時、大戦中の量産技術の発達と素材の革新がもたらしたこの成型素材の使用法は探究が始まったばかりだったが、間もなく膨大な数のファイバーグラス製の椅子が作られるようになった。ファイバーグラスはイームズがデザインした椅子の素材として広く認知され、その後、何千という偽のイームズ・チェアの製造業者が現れた。同時に、サーフボードや1954年型フォードTバードのボディのように、ファイバーグラスを使った高度に革新的なデザインも生まれている。（カベラ）

椅子の先端の物語

プロダクトの技法と素材 04

チェア・チップス、フィート、グライズ、静寂のドーム ― これらは椅子の脚の先端を支えるパーツの呼び名である。

最初にイームズが大量生産した成型合板の椅子（DCW／LCW）は、4つの小さな金属製のタック（鋲）が、使用時はほとんど見えないように先端につけられ、それによって椅子が持ち上げられ、でこぼこの床を引きずられても椅子の脚先が欠けることがなかった。

金属製のフレームを持つ成型合板の椅子（DCM／LCM）は、用途や消費者のことを考えた上で、グライズ（脚部先端パーツ）がむしろさらけ出された。最初はシンプルなグレイのゴム製だったが、これは椅子を引きずった時に壊れやすかった。よって改良されたのが「静寂のドーム」と呼ばれるブーツ型のグライズで、これはDCW／LCWの脚部の先端の金具を発展させたものである。黒いゴムとステンレスでできており、見た目もスチール製のフレームに合っていた。小さく丸みを帯びた形状は、どんな床材でも音を立てなかった。イームズが、非常に細かいパーツでも全体のデザインと同様に重要視していたことが分かる。

ブーツ型のグライズは50年代初めにより小型化され、上面の突起によってパイプ状の脚部の先端から外れないよう変更された。しかし、このタイプは一度取れると修理することが難しかった為、簡単に付け外しができるように、ネジで固定されるタイプに再変更された。これと似た形状で大きめのものが、他のイームズの多くの家具で使用されている。50年代末には、アルミナムチェアに使われたグライズと同じ、白いプラスチック製のものが使われ、それは現在も用いられている。

50年代初めにプラスチック・チェアを発表した時、グライズはやはり苦労の種になった。木製の脚をもつ2種類のプラスチック・チェアは、金具が錆びたり床を汚したりする経験から、透明オレンジのプラスチック[A]をグライズとして取り付けた。これは視覚的にも目立たないように配慮した結果である。

その他のプラスチック・チェアの脚部はスチール製のバーやパイプでできており、それぞれに変更が加えられていった。試作段階の「エッフェル塔ベース」の先端はプラスチック製の球形だったが、量産型の最初のタイプ[B]はより外観が良くなっている。これは「静寂のドーム」の変型版であり、脚部の先端の穴にゴムとステンレスによるパーツをボルトで留める構造になっていた。間もなく、不安定な場所でも使用できるようにグライズが回転し向きを変えられるタイプ[C]に変更される。50年代の中頃には、他と同じ白いプラスチック製[D]に変更され、エッフェル塔ベースが生産中止になるまで用いられた。

1955年、ゴムとステンレスからなる「静寂のドーム」グライズ[E]が付いていたXベースは、新たに中空パイプでできたHベースに変更されるに伴い、グライズも新しくなる。最初は、同じような構造のゴムとステンレスのグライズだったが、後に長持ちして錆びることのない白いプラスチック製グライズ[F]が採用され、これが最終的な答えとなった。（カベラ）

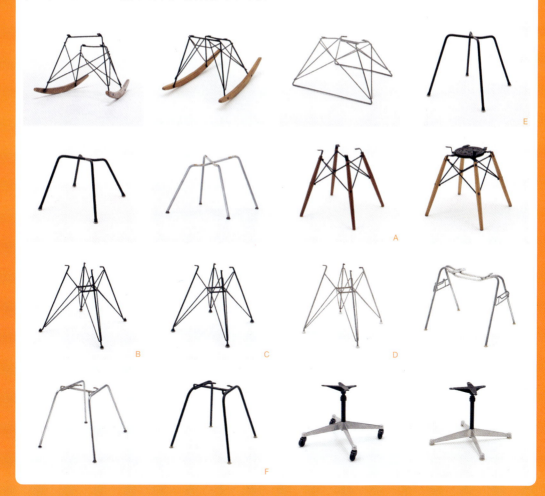

The Toy, The Little Toy　　トーイ、リトル・トーイ　　1951-52

イームズ・デザインのおもちゃとして初めて量産されたトーイ。正方形と三角形のパネルを組み立てて使う、巨大な遊具である。パネルはプラスチック・コーティングされた厚手の防水紙で、端は折返して細い筒状になっている。この筒に細いパイプを通し、木製ダボで止めてパネルを組み立てる仕組みだ。組立が簡単なのにパネルはたわまず、きれいな直線が出た。パネルの色はグリーン、黄、青、赤、紫、黒。子供が中に入って遊べるのはもちろん、インスタントなステージセットやパーティの小道具、テントなど、いろんな用途に使えた。キットの箱は六角形で、パネルは巻いてコンパクトに収められていた。リトル・トーイはトーイの小型版で、8〜10層の厚紙パネル、正方形と三角形のワイヤーフレーム、着色した金属ダボで組み立てる。パネルは丸いパンチングのものやチェッカー模様なども用意された。いずれもテネシー州のタイグレット社製。

1.トーイ　2.リトル・トーイ

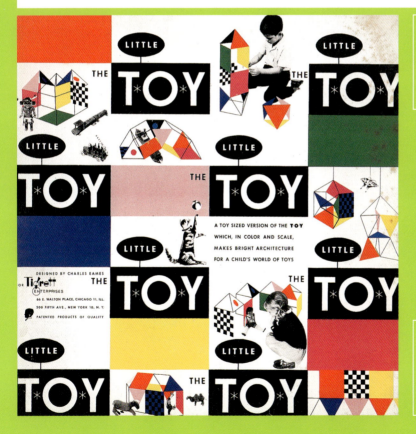

DATA
The Toy
H762×DIA100 mm
紙、木材
1951年設計
1951-1961年製作
タイグレット社

DATA
The Little Toy
H34×D240×W240 mm
紙、金属
1952年設計
1952-1961年製作
タイグレット社

House of Cards

ハウス・オブ・カード　　1952〜

トランプと同じサイズ、同じ54枚のカード2組からなるハウス・オブ・カード。6本の切り込みに別のカードを差し込んでいくだけで、ありとあらゆる形の立体ができる。トーイ同様、大人も子供も簡単に組み立てられ、解体でき、無限の遊び方ができる。しかも美しく、見ているだけで空想を刺激される―このカードが永遠に愛されている理由はそんなところにあるのだろう。

パターン・デックの組は、カードの片側にカラフルな模様が印刷されている。模様は包装紙、和紙、布地の織り、中国の爆竹包装紙、マーブル紙、ヴィクトリア調のデコパージュ、イタリアの高級紙、鳥の羽などなど、イームズお得意の「発見物」。反対側は白地に黒の放射状模様で統一されている。後から加わったピクチャー・デックの組には、糸巻、ボタン、石、ビル、和紙人形、チョーク、時計の針、貝殻、鋲、人形、レース、野菜など、日常風景や異国の品から選りすぐられた「もの」の写真が印刷され、楽しい小宇宙を作っている。反対側は白地にグリーンの放射状模様。製造はアメリカン・プレイング・カード社、販売はタイグレット社で、1961年まで生産されていた。

1960年にはドイツのオットー・マイヤー社から、もっと大きなサイズ（114mm×175mm）で32枚に絞った独版ハウス・オブ・カードが発売された。その後いったん生産が打ち切られたが、1986年にオリジナル版と同じサイズで再開された。コンピューター・ハウス・オブ・カードは、1970年の大阪万博のIBM館にて配布するため制作された。オリジナルと同じサイズで、56枚組。イームズ・オフィスとIBMの施設で撮影された写真を使用しており、70年代初期のコンピューターの詳細を知る資料的価値も持つ。

ドイツ版ハウス・オブ・カード

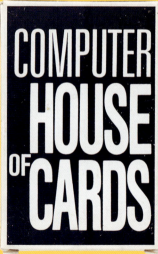

コンピューター・ハウス・オブ・カード

ハウス・オブ・カード（パターン）

Eames Design
Catalog

Type
Toy

Link
5

Page
304

DATA
Computer House of Cards
95×58 mm
紙
1970年設計
1970年製作
オット・マイヤー社（ドイツ）

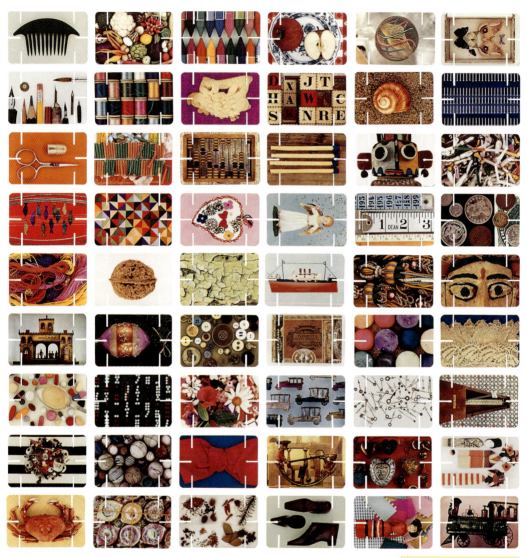

DATA
House of Cards（Picture）
95×58 mm
紙
1952年設計
1952-1961年製作
タイグレット社

Eames Design
Catalog

Type
Toy

Link
5

Page
306

DATA
House of Cards(Pattern)
95×58 mm
紙
1952年設計
1952-1961年製作
タイグレット社

Giant House of Cards

ジャイアント・ハウス・オブ・カード **1953**

ジャンボサイズのハウス・オブ・カード。178mm×279mmだから、B5版をちょっと長めにしたサイズである。耐久性を出すために8層のカードボードが使われた。こちらは20枚1組。
「身の回りの科学から取り出されたアート」（ボックスのコピー）がこのセットを飾る。雪の結晶、ピラネージが設計したコリント様式の柱の図面、印刷工程で使われる色分解のパターンやダブルトーンの拡大図、南太平洋の海流図、黄金分割のダイアグラム、古代の天体図、数学の幾何学図など。反対側には白地に大きく鮮やかな色の正方形がプリントされた。色の決定には、他のハウス・オブ・カード同様、アレキサンダー・ジラードが参加した。
科学とアートを遊びに融合させた、驚異のおもちゃ。それぞれの意味は深いが、子供にも十分楽しめる図柄である。タイグレット社が製造していたが1961年に倒産したため、市場から消えた。

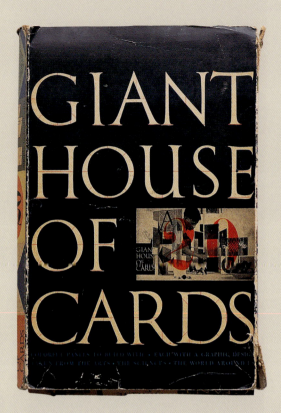

DATA
279×178 mm
紙
1953年設計
1953-1961年製作
タイグレット社

Eames Design
Catalog

Type
Toy

Link
5

Hang-It-All

ハング・イット・オール

1953

「何でも引っかけちゃえ!」という名のユニークなハンガーは、ワイヤーメッシュ・チェアが開発されていた時期、同じワイヤー素材と溶接技術を使って生み出された。ワイヤーの先端には大小ふたつのサイズの木製の球がついていて、赤、黄、ピンク、青、黒、オレンジ、ピンク、グリーン、紫など、カラフルに塗り分けられていた。

このハンガーは人形、リボン、おもちゃ、帽子など、子供が身の回りのものを何でも自由に引っかけて遊べるおもちゃとして考えられたが、何もなくてもかわいいインテリアのオブジェになる。製品に付けるタグ、梱包ケース、広告はすべてレイとスタッフがデザインした。製品にマッチした、ポップなグラフィックだった。［ハング・イット・オール］は他のおもちゃと同様、タイグレット社によって製造・発売され、数千個が売れたが、1961年同社の倒産で生産が終わった。

DATA
H390×D180×W520 mm
金属、木材
1953年設計
1953-1961年製作
タイグレット社

Eames Design
Catalog

Type
Toy

Link
5

Page
310

The Coloring Toy

カラーリング・トーイ

1955

夢が膨らむ、大判の塗り絵のセット。太いラインでパターンを印刷した厚紙、クレヨン・セット、金属製のクリップがキットに収められていた。ラインに沿って切り込みが入れてあり、色を塗ったら切り取って自由に組み合わせ、大きな絵にすることもできるし、金属製のクリップを使って立体的に組み立てることもできる。

パターンには人間の顔、身体の各部、魚、鳥、猫、お城など、より具体的な形のものもあったが、雲形定規のように自由なラインの形もたくさんあって、中に塗るもの次第で好きなものに変身した。色を塗ったその先を、子供の想像力に任せているところがいい。パターンのデザインはほとんどイームズ・オフィスの有能スタッフ、デボラ・サスマンによるもので、収納ボックスにはアレキサンダー・ジラードの娘が作った塗り絵が参考例として印刷された。タイグレット社から発売されていた。

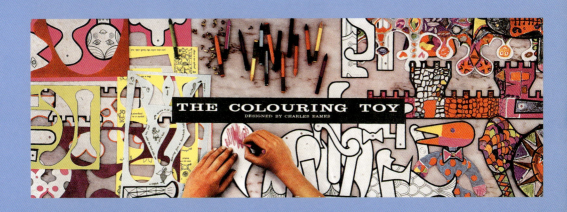

DATA
H25×D190×W535 mm
紙、金属、クレヨン
1955年設計
1955-1961年製作
タイグレット社

Eames Design
Catalog

Type
Toy

Link
5

Page
311

Traveling Boy

旅する少年
1950／11分45秒

イームズ夫妻の映画処女作。ネジ巻き人形の少年が、観客を夢の世界旅行に連れていってくれる。背景はソール・スタインバーグの絵とサーカスのポスター。人形たちはジャンクショップで見つけてきた。一般公開はされず、友人やスタッフたちの間だけで楽しまれた。

Parade

パレード
1952／5分33秒
音楽：ジョン・フィリップ・スーザ

人形、動物、車、鉛の兵隊、祇園祭の山車など、方々から集められたおもちゃがパレードを繰り広げる。街路の絵はアレキサンダー・ジラードの娘が描いた。鮮やかな色彩とスーザの行進曲の組合せはいたって強烈。ビリー・ワイルダーも人形のネジ巻きを手伝った。

S-73 (Sofa Compact)

S-73（ソファ・コンパクト）3
1954／10分40秒
音楽：エルマー・バーンスタイン
ナレーション：チャールズ・イームズ

ハーマンミラーの営業スタッフやディーラー向けに作られた教育ツール。ノックダウン式のソファ・コンパクトのデザインと機能を分かりやすく解説している。「俳優」には同社の社員やイームズ・オフィスのスタッフが駆り出された。脚本もチャールズ。

House: After Five Years of Living

ハウス：ケーススタディ・ハウス#8－5年後の記憶 4
1955／10分46秒
音楽：エルマー・バーンスタイン

自邸の完成後、チャールズは5年間撮り貯めた写真をフィルムに変換してこの映画を作った。実撮するより、写真を繋いだ方がディテールを効果的に見せられると考えたという。建築を撮るのでなく、人間の実際の視線を忠実に再現した空間映像は、今なおラジカルである。

Blacktop

ブラックトップ 1
1952／10分47秒
音楽：J.S.バッハ
演奏：ワンダ・ランドウスカ

放課後の校庭に清掃員が水をまいているのを見て、チャールズは即座にこの映画を撮った。洗剤で泡立つ水が、乾いたアスファルトの上を広がっていく時のえも言われぬ美しさ。陽の光や木の葉、雑草との戯れ。オスカー・ピーターソンが即興で伴奏を付けたこともある。

A Communications Primer

コミュニケーション入門 2
1953／22分14秒
音楽：エルマー・バーンスタイン（指揮とも）
ナレーション：チャールズ・イームズ

「I love you」という優しいメッセージを使ってコンピュータ理論をひもといた力作。都市計画に情報処理の技術を取り入れない限り建築家の未来はないと考えていたチャールズは、この映画を建築家のために作ったという。この作品を介してIBMとの関係が始まった。

Textiles and Ornamental Arts of India

インドのテキスタイルと装飾
1955／11分
音楽：アリ・アクバル・カーン、他
ナレーション：ププル・ジャヤカル、エドガー・カウフマン

MoMAで開かれた同名の展覧会の記録として作られた。展示デザインはジラード。インドの伝統芸術品の鮮やかな色、豊かな質感が、饒舌な画面を作り出している。語りはインド通産省の役人とMoMAのキュレーター、カウフマン。音楽にはシタール演奏が使われた。

Eames Lounge Chair

イームズ・ラウンジチェア
1956／2分15秒
音楽：エルマー・バーンスタイン（演奏とも）

椅子の発表直前にテレビ番組の出演を依頼されたチャールズとレイは、急遽この映画を作って持参した。ハーマンミラーの組立責任者を俳優に抜擢し、ストップモーションで組立・解体・梱包のプロセスを見せている。制作期間と予算の制約を逆手に取った好作。

Day of the Dead

メキシコの祝祭〜死者の日
1957／14分48秒
音楽：ラウリンド・アルメイダ
（演奏とも）
ナレーション：エドガー・カウフマン

エイゼンシュタインも撮らずにはいられなかった、メキシコの死者の祭り。無数の写真をクイックカットで繋ぎ、独特のモンタージュ効果を出している。語りはMoMAの建築デザイン部長カウフマン。脚本はジラード、カウフマン、チャールズが3人で書いた。

Kaleido scope Jazz Chair

カレイドスコープ・ジャズ・チェア 6
1960／6分30秒
音楽：ディック・マルクス

ファイバーグラスのチェアが、4面の万華鏡で映し出されていく。鮮やかな色彩と緻密なパターンの綾は、精巧な曼陀羅のよう。最後に色とりどりのチェアがズラリ並んだシーンと、縦にスタッキングされたシーンが現れ、チャールズとレイも一瞬登場する。

Westinghouse in Alphabetical Order

ウェスティングハウスのABC 7
1965／12分
音楽：エルマー・バーンスタイン
（指揮とも）

大手電機メーカー、ウェスティングハウスの依頼で作った短編映画は、電球からタービンまで、同社が生産するすべての製品をABC順に並べ、クイックカットで見せるという構成だった。写真は雑誌広告、ブローシャー、報告書など、あらゆる資料から集められた。

Powers of Ten:
A Rough Sketch for a Proposed Film Dealing with the Powers of Ten and the Relative Size of the Universe

パワーズ・オブ・テン：ラフスケッチ 8
1968／8分01秒
音楽：エルマー・バーンスタイン
（演奏とも）
ナレーション：ジュディス・ブロノウスキ

芝生で昼寝する男性を始点に、天体から細胞の電子まで、10の指数を単位に進行する壮大な時空の旅。キース・ブーケの本『コズミック・ビュー』から着想を得ている。画面左のダッシュボードが飛行距離、指数、時間、光速などを伝える。物理学会のために作られた。

Toccata for Toy Trains

おもちゃの汽車のトッカータ 5
1957／13分28秒
音楽：エルマー・バーンスタイン
（指揮とも）
ナレーション：チャールズ・イームズ

おもちゃ映画の白眉。古今東西のおもちゃの汽車は、サイズも素材もみな違う。撮影距離を変えながら、一コマ一コマ手で押して撮影した。手作りのセットを誇らしげに走り抜ける汽車は、観客を子供時代の空想の世界へと誘う。脚本もチャールズ。

Glimpses of the U.S.A.

アメリカの一日
1959／12分15秒
音楽：エルマー・バーンスタイン

鉄のカーテンが下ろされる直前、アメリカ政府はモスクワで文化交流イベントを行った。7枚の大マルチスクリーンに、アメリカ人の日常生活がさまざまな角度から映し出されていく。素材には映画「お熱いのがお好き」のワンシーンと、2200枚以上の写真が使われた。

View from the People Wall

ピープル・ウォールから見た眺め
1966／13分
音楽：エルマー・バーンスタイン
ナレーション：
リチャード・サージェント他

ニューヨーク万博IBM館のマルチスクリーン映像をシングルスクリーンにまとめたもの。人間もコンピューターも同じようなプロセスで問題を解決している、というのが映像のテーマ。フレームを分割してさまざまな画像を組み合わせ、リアルな映像体験を引き出した。

Tops

コマ
1969／7分15秒
音楽：エルマー・バーンスタイン
（指揮とも）

何年もかけて集められた世界のコマ123個が回る、回る。インドや中国の民芸品あり、凝った貴重なアイテムあり。コマがこんなに美しいものだったとは！ 画鋲まで駆り出されて図面の上でスピンする時、コマの醍醐味は一気に増す。回し手は練習を積んだスタッフたち。

5

6

8

Eames Design
Catalog

Type
Film

Link
6-1

Page
313

Soft Pad

ソフトパッド
1970／4分
音楽：バディ・コレット

3台のプロジェクターを使ったマルチスライド・ショウをベースに作られた。ソフトパッド・チェアの構造に加え、表面を覆う革の質感、縫製・金属部品・接合部分のディテールをたっぷりと見せている。ハーマンミラーの営業マンや顧客のための解説ツールとなった。

A Small Hydromedusan: Polyorchis Haplus

小さなクラゲ：ポリオーキス・ハプルス
1970／2分50秒
音楽：J.S.バッハ
演奏：グレン・グールド

国立水族館の展示計画案と奮闘していた時期、海洋生物学の学生がズマビーチ沖から全長1.6センチの極小クラゲを採ってきた。透明で不思議なフォルムの生き物は、いつまでも見飽きることがない。グールドの極度に遅いフーガが映像と絶妙にマッチしている。

Clown Face

道化師 3
1971／16分

チャールズは1942年に道化師を撮り始めて以来、サーカス団との交流を続けていた。この映画は道化師養成学校の依頼により、伝統的なメーキャップの技法を伝えるための教材として作られた。シンメトリーと変容を主題とした、映像の習作ともなっている。

SX-70

SX-70 4
1972／11分
音楽：エルマー・バーンスタイン（指揮とも）
ナレーション：フィリップ モリソン

ポラロイド社が開発したインスタントカメラを紹介する映画とはいえ、スティーグリッツの写真が現れ、写真の哲学を語るというハイブローな出だし。しかし自分でもすぐに試してみたくなるほど、楽しいアイデアが満載されている。洒脱な語りはフィリップ・モリソン教授。

The Fiberglass Chairs:
Something of How They Get the Way They Are

ファイバーグラス・チェア 1
1970／8分39秒
音楽：バディ・コレット

FRPの椅子が手作業で作られていく過程が見られる楽しい作品。製図、粘土型作り、ファイバーグラスの型押し、ショックマウントの取付け、布張り、脚の接合、梱包。大勢の職人の手を経て生まれるクラフトワークだったことがわかるが、この工程はもう存在しない。

The Black Ships:
The Story of Commodore Perry's Expedition to Japan Told with Japanese Pictures of the Time

黒船 2
1970／7分40秒

スミソニアン博物館主催の「ペリー提督の日本遠征1852-1855展」で制作された。浦賀で提督が幕府と開国交渉をしていた数週間の間に、日本の絵師が黒船や船員を描いた木版画が映し出される。誇張されたアメリカ人の顔をめぐるチャールズの考察は奥深い。

Sumo Wrestler

スモウ・レスラー
1972／4分

イームズ・オフィスに勤めていた日本人の元スタッフが、ある日、高見山とお付きの床山を連れてきた。相撲力士の髷型に受け継がれた伝統的な造形美に感銘したチャールズは、幸い客人たちが急いでいなかったので、髪結いの一部始終を撮影させてもらった。

Design Q & A

デザインQ&A
1972／5分
音楽：ラウリンド・アルメイダ
ナレーション：ヨランド・アミック、チャールズ・イームズ

パリの装飾美術館が主催した展覧会「デザインとは？」で、チャールズはアミック夫人との質疑応答を求められた。その時のQ&Aのパネルに、イームズ・オフィスの仕事を見せるさまざまな写真が挿入され、映画に変換された。Qはアミック夫人、Aはチャールズの朗読。

Powers of Ten:
A Film Dealing with the Relative Size of Things in the Universe, and the Effect of Adding Another Zero

パワーズ・オブ・テン 5
1977／8分47秒
音楽：エルマー・バーンスタイン
（演奏とも）
ナレーション：フィリップ・モリソン

ラフスケッチから9年後、理論と研究の進化を反映してマクロとミクロの距離が10の2乗ずつ足された。また、銀河系が画面中央のフレームに収まるよう、開始点がマイアミビーチからシカゴのミシガン湖畔に移っている。語りのモリソンはMITの物理学教授。

Norton Lecture ― Goods

［ノートン記念講義］
― ものについて
1981／6分25秒

1971年3月ハーヴァード大学で行われた第4回［ノートン記念講義］で、チャールズは33枚のスライドを3枚ずつ映しながら「もの」について話した。ありふれた品々に宿る崇高な美しさ ― 紙の束や釘について語る彼の言葉は、真の開拓者から発せられる哲学として響いた。チャールズ没後、レイによって映画化。チャールズへ捧げたともいえる名作。

本文注

*1 第2回ノートン記念講義からの抜粋。講義は1970年11月2日、ハーヴァード大学ローブ・シアターで行われた。
*2 John Neuhart, Marilyn Neuhart and the Estate of Ray Eames, *Eames design* (New York: Harry N. Abrams, Inc., 1989), pp.19-20.
*3 *Ibid.*, p.23.
*4 Pat Kirkham, *Charles and Ray Eames: Designers of the Twentieth Century* (Cambridge: The MIT Press, 1998), pp.35-38.
Arthur Drexler, *Charles Eames—Furniture from the Design Collection* (New York: The Museum of Modern Art, 1973), p.5.
*5 Terence Riley et al., *The Museum of Modern Art at Mid-Century—At Home and Abroad* (New York: The Museum of Modern Art, 1994), p.154.
*6 Neil Harris et al., *Design in America: The Cranbrook Vision 1925-1950* (New York: Harry Abrams, Inc. et al., 1983), p.15.
*7 Eliot F. Noyes, *Organic Design in Home Furnishings* (New York: The Museum of Modern Art, 1941).
*8 Drexler, *op. cit.*, p.10.
*9 *Ibid.*, p.12.
*10 Kirkham, *op. cit.*, p.52.
*11 Neuhart et al., *op. cit.*, p.27.
*12 *Ibid.*, p.28.
*13 *Ibid.*, p.33.
*14 Kirkham, *op. cit.*, p.213.
*15 Neuhart et al., *op. cit.*, p.29.
*16 岸和郎・植田実監修『ケース・スタディ・ハウス』住まいの図書館出版局、1997、pp.232-233.
*17 Neuhart et al., *op. cit.*, p.53.
*18 *Ibid.*, p.69.
*19 Kirkham, *op. cit.*, p.221.
*20 Neuhart et al., *op. cit.*, p.73.
*21 Edgar Kaufmann, Jr., *Prize Designs for Modern Furniture from the International Competition for Low-cost Furniture Design* (New York: The Museum of Modern Art, 1950), p.6.
*22 *Ibid.*, p.19.
*23 Neuhart et al., *op. cit.*, p.99.
*24 *Ibid.*, p.25.
*25 Drexler, *op. cit.*, p.12 and p.21.
*26 "Announcement: The Case Study House Program," *arts & architecture*, January 1945, pp.37-38.
*27 Esther McCoy, *Modern California Houses: Case Study Houses 1945-1962* (New York: Reinhold Publishing Corp., 1962), p.57.
*28 Neuhart et al., *op. cit.*, p.137.
*29 Olga Gueft, "3 chairs / 3 records of the design process," *Interiors*, April 1958, p.119.
*30 Kirkham, *op. cit.*, p.248.
*31 Neuhart et al., *op. cit.*, p.249.
*32 *Ibid.*, p.339.
*33 Kirkham, *op. cit.*, p.221.
*34 *Ibid.*, p.167.
*35 Eames Demetrios, *An Eames Primer*, 2001, p.2.
*36 Paul Schrader, "Poetry of Ideas: The Films of Charles Eames," *Film Quarterly*, Spring 1970, p.2.
*37 1970年10月26日に行われた第1回ノートン記念講義より。
*38 Schrader, *op. cit.*, p.7.
*39 IBMのウェブサイトより。Press Room—Thomas J. Watson—Biography. http://www.ibm.com/press/prnews.nsf/html/bios_twatson.html
*40 Reyner Banham, *Design by Choice* (London: Academy Editions, 1981), p.116.
*41 Demetrios, *op. cit.*, p.5.
*42 Neuhart et al., *op. cit.*, p.255.
*43 *Ibid.*, p.345.
*44 1971年1月14日に行われた第3回ノートン記念講義では、チャールズは「信用性」を強調した。

邦文参考文献　若井秀美編（成城大学大学院）

＊原則として、単行図書は五十音順、他の刊行物に関しては年代順に記載した。

単行図書

- A.J.プーロス（著）、永田喬（訳）、『現代アメリカ・デザイン史：スプーンからジェット機まで 1940-1970』、岩崎美術社、1991年。
- 池邊陽（著）、「よい家具はひっくり返る」『デザインの鍵：人間・建築・方法』、丸善株式会社、昭和60年（昭和54年初版）、201-203頁。
- 岩下繁昭、元木規子（共著）、『インテリア・ペーパーモデル 世界の椅子をつくる』、彰国社、1996年、44-45頁。
- 出原栄一（責任編集）、『その探求の軌跡：研究・批評、剣持勇の世界』、編集委員会（編）、第2分冊、河出書房新社、1975年。
- 海野弘（著）、『黄金の50年代アメリカ』、講談社、1989年、93-108頁。『現代デザイン――デザインの世紀をよむ』、新曜社、1997年。
- NHK取材班（執筆）、『モダンデザイン・100年の肖像』、学習研究社、1989年。
- 大廣保行（著）、『椅子のデザイン小史：様式からポストモダンへ』、鹿島出版会、1986年。〔イームズについて/98-101頁〕
- 勝見勝（編著）、『グッド・デザイン』新潮社、1958年。
- 岸和郎、植田実（監修）、『住まい学大系 087 ケース・スタディ・ハウス』、住まいの図書館出版局、1997年、197-202頁。
- クラウス・ユルゲン・ゼンバッハ、ロイトホイザー・ガブリエレ、ピーター・ゲッセル（著）、『20世紀の家具のデザイン』、ベネディクト・タッシェン出版、1992年。
- 工芸財団（編）、『日本の近代デザイン運動史』、工芸財団、1987年。『日本の近代デザイン運動史1940年代～1980年代』、ペリカン社、1990年。
- 坂根巌夫（著）、『遊びの博物誌1,2』、朝日新聞社、1985年。『新遊びの博物誌1,2』、朝日新聞社、1986年。
- ジェームズ・スティール（解説）、リリーフ・システムズ（訳）、清水建設（監訳）、『イームズ自邸：チャールズ＆レイ・イームズ設計』、同朋舎出版、1995年。
- ジェイ・ドブリン（著）、金子至、岡田明二、松村英男（共訳）、「1947：イームズ・プライウッド・チェア」『グレート・デザイン物語』、丸善株式会社、1985年、70-71頁。
- G.ジークフリード（著）、榮々庵祥仁、GK研究所（訳）、『機械化の文化史：ものいわぬものの歴史』、鹿島出版会、1978年、472頁。
- 島崎信（著）、『椅子の物語 名作を考える』、日本放送出版協会、1995年。
- 商工省工藝指導所（編）、『現代アメリカ工藝』、技術資料刊行会、1949年。〔収録論文：小池新二「ニューヨーク近代美術館とその活動」〕
- ジョスラン・ドゥ・ノブレ（著）、丹精社コーポレートコミュニケーションセンター（訳）、「第5章1950年代様式」『近・現代デザイン発達史序説』、丹精社、1998年、135-155頁。
- ジョナサン・グランシー（著）、松浦幸子、新見隆（共訳）、『モダン』、河出書房、2000年、66-67頁。
- ジョン・ヘスケッド（著）、榮々庵祥仁、GK研究所（訳）、『インダストリアル・デザインの歴史』、昌文社、1990年、111-156、166-187頁。
- 杉浦康平（編集構成）、編集委員会（編）、『その結晶の核：作品、剣持勇の世界』、第1分冊、河出書房新社、1975年。
- 鈴木博之（編）「20世紀建築の流れ 近代建築への道」、乾由明、高階秀爾、本江邦夫（責任編集）、『世界美術大全集 第28巻 キュビズムと抽象美術』、小学館、1996年、329-330頁。
- チャールズ、レイ・イームズ事務所（著）、山本敦子（訳）、和田英一（監修）、『A COMPUTER PERSPECTIVE 計算機創造の軌跡』、アスキー、1994年。
- 塚田敢、知久篤（編）、『工業デザイン全書6 機能とデザイン』、金原出版、1964年、5-11頁。
- 鳥海善之助（著）、『椅子――構造とデザイン』、理工学社、1993年。
- ドーレ・アシュトン（著）、笹谷純雄（訳）、『評伝イサム・ノグチ』、白水社、1997年。〔アメリカにおけるジャパニーズ・モダンについて〕
- ポール・クリーンハルジュ（編）、中山修一（他共訳）、『デザインのモダニズム』、鹿島出版会、1997年。
- 20世紀建築研究編集委員会（編）、『20世紀建築研究』、第2版（第1版、1998年）、INAX出版、2000年、42-47頁。
- 日本生産性本部（編）、『工業デザインと経営 第2次工業デザイン視察団報告書』、日本生産性本部、1961年。〔1959年2月24日～4月8日までのアメリカ視察記録〕
- 森山明子（著）「豊口克平」、長濱雅彦（著）「柳宗理」、日経デザイン（編）、『デザイン"遣唐使"のころ 昭和のデザイン・エポック編』、日経BP社、1995年、62-77、102-115頁。
- 畑正夫（著）、『産業工芸とクラフト』、正孔社、1985年、98-100、211-213頁。
- フィリップ・モリソン（共編著）、村上陽一郎、村上公子（共訳）、『Powers of Ten:宇宙・人間・素粒子をめぐる大きさの旅』、日経サイエンス、1983年。
- 福井晃一、塚田敢（編）、『工業デザイン全書1デザインの基礎』、金原出版、1965年、26-31頁。
- 藤田治彦（著）、『現代デザイン論――Design Theory and History of Modern Japan』、昭和堂、1999年。
- ベヴィス・ヒリアー（著）、石崎洗一郎、小林陽子（共訳）、『20世紀の様式 1900-1980』、丸善株式会社、1986年、154、182頁。
- ペニー・スパーク（著）、『20世紀デザイン――パイオニアたちの仕事・集大成』、デュウ出版、2000年、148-153頁。
- 穂積信夫（著）「クランブルックの日々」「椅子のデザイン」「エーロ・サーリネン」、鹿島出版会、1996年、29-30、141-151頁。
- 松本哲夫、宮内嘉久（責任編集）、『その史的背景：年譜・記録、剣持勇の世界』第4分冊、河出書房新社、1975年。
- M.キャサリン（著）、木下哲夫（訳）、『モダン・デザインのすべてA to Z』、スカイドア、1996年。
- 八木幸二（著）、『アメリカ住宅建築III:TRANSFORMATION OF AMERICAN HOUSES』、講談社、1994年、79頁。
- リチャード・ガイ・ウィルソン（他共著）、永田喬（訳）、ブルックリンミュージアム（監修）、『アメリカの機械時代1918-1941』、鹿島出版会、1988年。

辞典・事典類

- インテリア・デザイン事典編集委員会（監修者:豊口克平、委員代表:上田康太郎）、『インテリア・デザイン事典（第2版）』、理工学社、1995年（第2版10刷）。〔初版1972年、第2版1刷1989年〕
- 日本インダストリアルデザイナー協会（編）、『インダストリアルデザイン事典』、鹿島出版会、1990年。
- 彰国社（編）、『建築大辞典 第2版〈普及版〉』、彰国社、1995年、65-66頁。〔イームズの実験住宅について〕
- ジョン・モスグロース（編）「第7部 20世紀の建築、43章アメリカ」、飯田喜四郎、小寺武久（監修）、『フレッチャー世界の建築の歴史―建築・美術・デザインの変遷』、西村書店、1996年、1382、1389頁。〔ケース・スタディ・ハウスの例として〕
- 20世紀建築研究編集委員会、『20世紀建築研究』、INAX出版、2000年（第2版第4刷）、42-43頁。
- 伊東順二、柏木博編集、勝井三雄、田中一光、向井周太郎（監修）、『現代デザイン事典:Dictionary of Today's Design』、平凡社、2001年。

展覧会カタログ

- 「20世紀のデザイン展――ヨーロッパとアメリカ」、国立近代美術館、1957年。
- 「イスのかたち―デザインからアートへ; Design and Art of Modern Chairs」、国立国際美術館、1978年。国立国際美術館（1978年8月19日～10月15日）
- 「木の椅子は語る――そのかたちと意味――」、北海道立旭川美術館、1984年。北海道立旭川美術館（1984年1月5日～2月19日）

- 『世界の椅子コレクション―ふれあいの椅子展』、(株)大丸大阪梅田店、1984年。大丸ミュージアム・梅田(1984年3月20日―26日)
- 『Modern Chairs―すわってみるデザイン―』、豊田市美術館、1997年。豊田市美術館(1997年8月5日―9月28日)
- 『いす・100のかたち、100 Masterpieces from Vitra Design Museum Collection―ヴィトラ・デザイン・ミュージアムの名品』、ヴィトラ・デザイン・ミュージアム、読売新聞大阪本社、1997年。茨城県つくば美術館(1997年8月9日―9月15日。以降 1998年5月にかけて、北海道立旭川美術館、丸亀市猪熊弦一郎現代美術館、国立国際美術館、豊田市美術館、埼玉県立近代美術館を巡回。)
- 『建築の20世紀―終わりから始まりへ;AT THE END OF THE CENTURY ONE HUNDRED YEARS OF ARCHITECTURE』、デルファイ研究所、1998年。東京都現代美術館(1998年7月10日―9月6日)、エリザベス.A.T.スミス「世紀末における建築とその歴史の再考」(22-99頁)、ビアトリス・コロミーナ「自己顕示としての住宅」(127-165頁)。
- 『名作椅子に座る:武蔵野美術大学美術資料図書館近代椅子コレクションより』;Taking the Seat on the Masterpiece : from the Chair Collection of Museum Library, Musashino Art University』、武蔵野美術大学、1998年。武蔵野美術大学美術資料図書館1階展示室(1998年11月26日―12月8日、12月10日―25日)
- 『日本の生活デザイン20世紀のモダニズムを探る』、建築資料研究社、1999年。パークタワーホール(1999年7月17日―8月8日)、ナディアパーク・国際デザインセンター(10月15日―10月24日)
- 『近代デザインに見る生活革命:大正デモクラシーから大阪万博まで; Evolution of Lifestyle in Japanese Modern Design』、宇都宮美術館、2000年。宇都宮美術館(2000年1月14日―3月5日)
- 『デザインにっぽんの水脈展』、松戸市教育委員会、2000年。松戸市立博物館(2000年8月12日―9月24日)

定期刊行物

- 小池新二「ニューヨーク現代美術館とその活動」『工芸ニュース』、第17巻第4号、1949年、10-14頁。
- 無署名「家具デザインコンクールの発表」『工芸ニュース』、第17巻第6号、1949年、29頁。
- 剣持勇「アメリカ・モダニズムに窺える竹趣味」『工芸ニュース』、第17巻第8号、1949年、2-11頁。
- イサム・ノグチ「モダンライフと室内の傾向」、剣持勇「工芸指導所におけるイサム・ノグチ」『工芸ニュース』、第18巻第10号、1950年、18-19、19-23頁。
- 剣持勇「イームズ氏のイス―猪熊氏に贈られた」、朝日新聞、1951年12月22日。
- 剣持勇「デザインの方向とデザイナー」『工芸ニュース』、第19巻第1号、1951年、2-6頁。
- 無署名「海外ニュース」『工芸ニュース』、第19巻第7号、1951年、36頁。〔イームズのコンクール入賞作品が、ハーマンミラー社で生産される〕
- 剣持勇「リビング・デザインの方向I―1951年Good DesignとGood Rapidの家具市など」『工芸ニュース』、第20巻第1号、1951年、15-25頁。
- 無署名「イームズの量産椅子」、『芸術新潮』、第3巻第2号、1952年2月号。
- 剣持勇「リビング・デザインの方向II」『工芸ニュース』、第20巻第2号、1952年、27-29頁。
- 剣持勇「贈られたイームズ・チェアーについて」、小池二郎「イームズ氏のプラスチックを使用した椅子を見て」『工芸ニュース』、第20巻第3号、1952年、27-29頁。
- T.I.の署名「鉄鋼の椅子 ―― 設計:チャールズ・イームズ」、『国際建築』、1952年8月号
- 勝見勝「イームズ氏の新しい椅子『イームズの変貌』」『工芸ニュース』、第20巻第11号、1952年、1-7頁。
- 無署名「イームズの新作椅子」、『芸術新潮』、第3巻第12号、1952年12月号

- 剣持勇「アメリカ通信をむすぶ」『工芸ニュース』、第21巻第2号、1953年、33-35頁。
- 豊口克平「インダストリアル・デザイナー紹介(5)剣持勇の人と作品」『工芸ニュース』、第21巻第3号、1953年、33-36頁。〔剣持のアメリカ視察とイームズ〕
- 剣持勇「アメリカ著名デザイナー」、川辺武彦「インダストリアル・デザイナー紹介(6) 渡辺力の人と作品」『工芸ニュース』、第21巻第4号、1953年、5-6、37-39頁。
- 剣持勇「米国のグット・デザイン運動―近代人の趣味は変りつつある」、朝日新聞、1953年7月24日。
- 剣持勇「ジャパニーズ・モダーンかジャポニカ・スタイルか―輸出工芸二つの道」『工芸ニュース』、第22巻第9号、1954年、2-7頁。
- 浜村順「続・デザインを理解するために」『リビング・デザイン』、第7号、1955年7月号、60-64頁。〔新材料・技術が新しいデザインを切り開く〕
- R.Mの署名「外国のデザイン雑誌紹介」、浜村順「家具をめぐって」『リビング・デザイン』、第8号、1955年8月号、52-56、85頁。
- 「座談会:インダストリアルデザイン アメリカと日本」(参加者:豊口克平、佐々木達三、真野善一、小杉二郎、小池岩太郎、大沼正吉)、豊口克平「家具・日本と欧米の水準」『インダストリアルデザイン』創刊号、1957年1月号、26-39、42-126頁。
- 浜村順「20世紀デザイン展についての覚え書」『インダストリアルデザイン』、第3号、1957年7月号、60-65頁。
- 豊口克平「家具のインダストリアルデザイン展望」『インダストリアルデザイン』、第4号、1957年12月号、42-64頁。
- 剣持勇「日本に食い入る眼―チャールズ・イームズの素顔」、読売新聞夕刊、1957年12月24日。
- 剣持勇「イスのデザイン―日本独自のものとして」、朝日新聞、1958年3月25日。
- 新庄晃「美しきイスたち」『木工界』、第62号通巻148号、1960年2月号、81-84頁。
- 横山良平「世界デザイン会議を素描する」『木工界』、第65号通巻151号、1960年5月号、106-107頁。〔世界デザイン会議にオブザーバーとしてイームズ出席〕
- 浜口隆一「エーロ・サーリネン―アメリカ建築界の第一線の人たち」『室内』、通巻167号、1961年9月号、67-72頁。
- 浜口隆一「イームズ・チェア」『チャールズ・イームズ』『室内』、第82号通巻168号、1961年10月号、60-65、67-73頁。
- 榎田均「新材料とデザイン―新材料はイスのデザインを変える」『室内』、第87号通巻173号、1962年3月号、40-45頁。
- 剣持勇「イスの文化論」、朝日新聞 夕刊、1965年7月9日。
- 剣持勇「デザインの旅から―転換期を迎える欧米」、朝日新聞 夕刊、1965年12月9日。
- 剣持勇「〈イームズの仕事〉展」『Graphic Design』、1965年10月号、39-46頁。
- 光藤俊夫「世界のイス100選」『室内』、第221号通巻319号、1973年5月号、34-56頁。
- 渡辺力「ハーマンミラー物語」『室内』、第256号通巻354号、1976年4月号から第300号、通巻398号1979年12月号まで連載。
- 無署名「ID 25年をふり返る」『インダストリアルデザイン』、1977年11月号、12-23頁。
- 佐々木美代子「イームズ氏を偲ぶ」『インダストリアルデザイン』、1978年11月号、37-38頁。
- 柳宗理「民芸とモダン・デザインの接点」「イームズ氏の逝去について」『民芸』、第309号、1978年9月号、18-34頁。
- 水尾比呂志「手工芸の伝統とインダストリアル・デザイン」『民芸』、第309号、1978年9月号、35-44頁。
- 川間哲夫「デザイン小事典:イームズ、チャールズ」「デザイン小事典:サーリネン、エーロ」、鈴木紀慶「デザイン小事典:渡辺力」『美術手帖』、第41巻9号通巻614号、1989年9月号、37、66、141頁。

- 降旗千賀子「チャールズ・イームズ再び」『デザインの現場』、第7号通巻41号、1990年4月号、26-27頁。
- 島崎住、寺原芳彦、朝山隆、山田佳一朗、米田智明「近代名作椅子の座面の構造及び素材等による座り心地と適正座面高の研究、体圧分布調査と体感調査より―名作椅子に座る」『武蔵野美術大学研究紀要』、美術資料図書館、第30号、1990年、36-51頁。
- 柏木博「五番街でみるモダン・デザインの歴史―ニューヨーク近代美術館のすべて」『美術手帖』、第43巻8号通巻642号、1991年8月号、62-65頁。
- 押野見邦英「建築家と椅子―家具風景」、武蔵野美術大学出版編集室(土屋由香里、栗山洋、掛井育子)、『武蔵野美術』、武蔵野美術大学出版部、第88号、1993年、20-21頁。
- 光藤俊夫「象徴としての椅子―(建築家の椅子111脚)」『SD:スペースデザイン』、第381号6号、1996年6月号、14-60頁。
- 海野弘「連載 モダン・デザイン史再訪 第35回―1960年代」『デザインの現場』、第15号通巻100号、1998年12月号、146-151頁。
- 島崎信「雑誌から生まれた籐椅子のロングセラー 渡辺力のトリイスツール」『インテリア・マガジン コンフォルト』、第32号、1998年4月号、82-88頁。
- 無署名「名作椅子のある室内」『室内』、第537号通巻645号、1999年9月号、13-29頁。
- 羽原粛郎(監修)「50'sモダンの名品を生み出したデザイナー名鑑」『インテリア・マガジン コンフォルト』、1999年10月号、33-56頁。
- 柏木博「戦後におけるアメリカのイメージと日本」、無署名『ジャパニーズ・モダン』『美術手帖』、第52巻3号通巻784号、2000年3月号、41-48、62-63頁。
- 東ミチヨ「PP=ポリプロピレン増殖中 日用品の肖像」『リビングデザイン』、第13号、2000年9・10月号、50-53頁。
- ビアトリス・コロミーナ(著)、後藤武(訳)、磯崎新、浅田彰(監修)「イームズ自邸についての考察」『Anyhow』、NTT出版、2000年12月、180-201頁。
- 野田忠司「ヴィトラ社のデザイン・ミュージアム」『椅子の研究』、通巻293号、2001年1月号、14-15頁。

SELECTED BIBLIOGRAPHY

- Abercrombie, Stanley. *George Nelson: The Design of Modern Design*. Cambridge, Mass.: The MIT Press, 1994.
- Ashton, Dore. *Noguchi East and West*. Alfred A. Knopf, New York, 1992.
- Banham, Reyner. *Los Angeles: The Architecture of Four Ecologies*. New York: Harper & Row, 1971.
- Caplan, Ralph.
  "Experiencing Eames." *Industrial Design*, January-February 1990: 62-69.
  By Design. New York: St. Martin's Press, 1982.
  The Design of Herman Miller: Pioneered by Eames, Girard, Nelson, Propst, Rohde. New York: Whitney Library of Design, 1976.
  "The Messages of Industry on the Screen." *Industrial Design*, April 1960: 50-65.
- Carpenter, Edward.
  "Introduction: A Tribute to Charles Eames." *Industrial Design 25th Annual Design Review*. New York: Whitney Library of Design, 1979.
  "Case Study House by Eames and Saarinen." *Arts & Architecture*, July 1950: 26-39.
  "Case Study House for 1949 by Charles Eames." *Arts & Architecture*, December 1949: 26-39.
- "Case Study House for 1949 by Charles Eames." *Arts & Architecture*, September 1949: 33.
- "Case Study House for 1949: the plan." *Arts & Architecture*, May 1949: 38-39.
- "Charles Eames, Creator in Plywood." *Interiors*, July 1946: 52-59.
- "Charles Eames' Forward Looking Furniture." *Magazine of Art*, May 1946: 179-181.
- Danilov, Victor.
  "Mathematica: Exhibition at the Museum of Science and Industry, Chicago." *Museum* (UNESCO), vol. 26, no. 2, 1974: 86-96.
- De Pree, Hugh. *Business as Unusual*. Zeel and Mich.: Herman Miller, Inc., 1966.
- "Design for Use." *Arts & Architecture*, September 1944: 21-25, 38-40.
- "A Designer's Home of His Own: Charles Eames Builds a House of Steel and Glass." *Life*, September 11, 1950: 148-52.
- "Dormitory in a Nutshell: ECS." *Interiors*, November 1961: 144-45, 194.
- Doblin, Jay. *One Hundred Great Product Designs*. Litton Educational Publishing International Inc., 1970
- Drexler, Arthur. *Charles Eames: Furniture from the Design Collection*. New York: The Museum of Modern Art, 1973.
- Eames, Charles.
  "Language of Vision: The Nuts and Bolts." *Bulletin of the American Academy of Arts and Sciences*, October 1974: 13-25.
  "City Hall." *Arts & Architecture*, June 1943: 22-23.
  "City Hall." *Architectural Forum*, May 1943: 88-90.
  "Organic Design." *California Arts & Architecture*, December 1941: 16-17.
  "Design Today." *California Arts & Architecture*, September 1941: 18-19.
- Eames, Charles, and Ray Eames.
  Eames Report. Los Angeles: Eames Office, 1958.
- Eames, Charles and John Entenza.
  "Case Study Houses 8 and 9 by Charles Eames and Eero Saarinen, Architects." *Arts & Architecture*, December 1945: 43-51.

"What is a House?" *Arts & Architecture*, July 1944:24-25, 32

- *Eames/Vitra*. New York: Vitra, 1996.
- Eidelberg, Martin. (ed.) Design 1935-1965: *What Modern Was*. New York: Abrams, 1991.
- "Furniture Show Room by Charles Eames." *Arts & Architecture*, October 1949: 26-29.
- Gandy, Charles D., and Susan Zimmerman-Stidium. *Contemporary Classics: Furniture of the Master*. New York: McGraw Hill, 1981.
- Giedion, Siegfried. *Mechanization Takes Command*. New York: Oxford University Press, 1948.
- Gingerich Owen. "A Conversation with Charles Eames." *The American Scholar*, Summer 1977:326-337
- Girard, A. H., and W. D. Laurie, Jr. (eds.) *For Modern Living*. Detroit: The Detroit Institute of Arts, 1949.
- Glancey, Jonathan. *MODERN*. Octopus Publishing Group Limited, 1999.
- Goldstein, Barbara, Charles Lee, and Stephanos Polygoides. "The Eames House." *Arts & Architecture*, February 1983: 20-25.
- Greenberg, Cara. *Mid-Century Modern*. New York: Harmony Books, 1984.
- Gueft, Olga. "For Alcoa's Forecast Program Eames Creates a Sun Machine that Accomplishes: Nothing?" *Interiors*, April 1958: 123, 182-83.
- "Good Design Exhibit." *Interiors*, March 1950: 85-97.
- Hamilton, Mina. "Films at the Fair II." *Industrial Design*, May 1964: 37-41.
- Harris, Frank, and Weston Bonenberger. (eds.) *A Guide to Contemporary Architecture in Southern California*. Los Angeles: Watling & Company, 1951.
- Herman Miller, Inc. *The Herman Miller Collection 1952: Furniture Designed by George Nelson and Charles Eames, with Occasional Pieces by Isamu Noguchi, Peter Hvidt, and O. M. Nielson*. New York: Acanthus Press, 1995.
- Hillier, Bevis. *The Style of the Century:1900-1989*. Herbert Press Limited, London, 1983.
- "Interior Design Data: Tandem Seating Evolution and Design, Charles Eames, Designer." *Progressive Architecture*, November 1962: 140-44.
- Jacobson, Karen. (ed.) *Sitting on The Edge: Modernist Design from the Collection of Michael and Gabrielle Boyd*. New York: Rizzoli International Publications, 1998.
- Johnson, Josephine. "Charles Eames", *Portfolio*, Spring 1950
- Jayakar, Pupul. "Charles Eames 1907-1978: A Personal Tribute." *Designfolio (Ahamedabad)*, vol. 2, January 1979: 1-6.
- J.Pulos, Arthur. *The American Design Adventure 1940-1975*, Mass.: The MIT Press, 1988.
- Kaufmann, Edgar, Jr. Prize *Designs for Modern Furniture*. New York: The Museum of Modern Art, 1950.
- Kirkham, Pat.
Charles and Ray Eames: Designers of the Twentieth Century. Cambridge, Mass.: The MIT Press, 1996.
"Introducing Ray Eames (1912-1988)." *Furniture History*, vol. 26, 1990: 132-41.
"Life in a Chinese Kite: Standard Industrial Products Assembled in a Spacious Wonderland." *Architectural Forum*, September 1950: 90-96.
- McCoy, Esther.
"On Attaining a Certain Age: Eames House, Santa Monica, California." *Progressive Architecture*, October 1977: 80-83.
Case Study Houses 1945-1962. Los Angeles: Hennessey & Ingalls, 1977
- Mcdermott, Catherine. *Essential Design*. Bloomsbury Publishing Limited,1992.
- McQuade, Walter. "Charles Eames Isn't Resting on His Chair." *Fortune*, February 1975: 96-105, 144-45.
- McDonald, Mark. "In The House of Eames" *The Modernism Magazine*, Summer 1999: 34-41.
- Morrison, Philip, Phylis Morrison, and Office of Charles and Ray Eames. *Powers of Ten: About the Relative Size of Things in the Universe*. San Francisco: W. H. Freeman and Company, 1982.
- Murphy, Diana. (ed.) *The Work of Charles and Ray Eames: A Legacy of Invention*. New York: Harry N. Abrams, Inc., in association with Library of Congress and Vitra Design Museum, 1997.
- Nelson, George. *Problems of Design*. New York: Whitney Publications, 1957.
Display. New York: Whitney Publications, 1953.
- Neuhart, John, Marilyn Neuhart, and Ray Eames. *Eames design*: The Works of the Office of Charles and Ray Eames. New York: Abrams, 1989.
- Noyes, Eliot.
"Charles Eames." *Arts & Architecture*, September 1946: 26-44.
Organic Design in Home Furnishings. New York: The Museum of Modern Art, 1941.
- Office of Charles and Ray Eames.
Images of Early America. Zeeland, Mich.: Herman Miller, Inc., 1976.
The World of Franklin and Jefferson. Los Angeles: Eames Office, 1976.
A Computer Perspective: Background to the Computer Age. Harvard University Press, 1990.
- Ostergard, Derek E. (ed.) *Bentwood and Metal Furniture: 1850-1946*. Seattle: University of Washington Press, 1987.
- Payne, Alexander. (ed.) *Eames Only*. London: Bonhams, 1998.
- Phillips, Lisa. (ed.) *High Styles: Twentieth-Century American Design*. New York: Summit Books and the Whitney Museum of American Art, 1985.
- Pile, John F. *Modern Furniture*. New York: John Wiley & Sons, Inc., 1979.
- Schrader, Paul. "Poetry of Ideas: The Films of Charles Eames." *Film Quarterly*, Spring 1970: 2-19.
- "A Science Film by Charles Eames." *Arts & Architecture*, July 1962: 22-23.
- "Showroom: Los Angeles, California." *Progressive Architecture*, August 1950: 47-50.
- Smith, Elizabeth A. T. (ed.) *Blueprints For Modern Living: History and Legacy of the Case Study Houses*. Cambridge, Mass.: The MIT Press, 1999.
- Smithson, Peter, and Alison Smithson.
"An Eames Celebration." *Architectural Design*, September 1966: 432-442.
"Steel Shelf with a View." *Architectural Forum*, September 1950: 97-99.
- Steele, James. *Eames House: Charles and Ray Eames*. London: Phaidon, 1994.
- Stungo, Naomi. *Charles and Ray Eames*. London: Carlton Books, 2000.
- Wallance, Don. *Shaping America's Products*. New York: Reinhold, 1956.
- Yamashita, Keith. *Fifteen Things Charles and Ray Teach Us*. Los Angeles: Eames Office, 1997.

所蔵家クレジット Lender Credits
（敬称略）

スティーヴン・カベラ　Steven Cabella, The Modern i, eamescollector.com	ジー・アール・ヴイ　GRV co., ltd
イームズ・オフィス　Eames Office, eamesoffice.com	杉山慎治　Shinji Sugiyama
サム・カウフマン　Sam Kaufman	高木康行　Yasuyuki Takaki
ブローデック・マロワンスキ　Wlodek Malowanczyk	高見沢一成　Kazunari Takamizawa
マーク・マクドナルド　Mark McDonald	高柳尚子　Naoko Takayanagi
ルミエール／モード・モダーン　Lumiere / Mode Moderne (p.036)	土田貴宏　Takahiro Tsuchida
ランディ・ロバーツ　Randy Roberts	ドゥアラット　doarat
スティーヴ・ローデン　Steve Roden	兎月院　栗原義治　Togetsuin Yoshiharu Kurihara
マイケル・ロード　Michael Rohde	南雲浩二郎　Kojiro Nagumo
	NIGO (A BATHING APE)
浅岡肇　Hajime Asaoka	西口吉一　Yoshikazu Nishiguchi
アトミックギャラリーデパートメントストア　Atomic Gallery Department Store	布村順一　Jun'ichi Nunomura
阿部潤一　Jun'ichi Abe	野村丈彦　Takehiko Nomura
上原健一　Ken'ichi Uehara	馬場正　Tadashi Baba
植田敬治　Keiji Ueda	ハーマンミラージャパン　Herman Miller Japan Ltd.
hhstyle.com	ビームス　BEAMS
大八木俊也　Toshiya Ohyagi	弘中克典　Katsunori Hironaka
ギャラリー1950　Gallery 1950	神山隆二　Ryuji Kamiyama
清永浩文　Hirofumi Kiyonaga	深沢敏雄　Toshio Fukazawa
GOOD TIME 柳瀬哲士　Tetsushi Yanase	HOODLUM／かげやましょうさく　Shosaku Kageyama
CRAFT上之園勇人　Hayato Uenosono	プリズマ　PRISMA
操上和美　Kazumi Kurigami	マイスター　MEISTER
剣持デザイン研究所　Kenmochi Design Associates	マーキュリー　mercury
郷古隆洋　Takahiro Gouko	丸野譲　Izuru Maruno
小島聖　Hijiri Kojima	丸山剛彦　Takehiko Maruyama
駒崎法子　Noriko Komazaki	モダニカ　Modernica
COLT	柳宗理　Sori Yanagi
CONTRAST hair 山田実行　Jikko Yamada	柳本浩市　Koichi Yanagimoto
Satolu≒Konan (MIRACLE∞CONTROL)	ランドスケーププロダクツ　LANDSCAPE PRODUCTS

写真クレジット Photo Credits

Courtesy of Cranbrook Archives（p.029, Photo: Harvey Croze; p.029）
Courtesy of David Travers（p.054, 055）
Courtesy of Herman Miller Inc.（p. 034-035, 048-049, 063P, 111C, 122-123, 134, 141-142, 143, 146D, 147F/G, 150-151, 156-157, 158E/G, 160-163, 168, 204, 216）
Courtesy of Lumiere / Mode Moderne (p.036)
Courtesy of Riki Watanabe (p.068)

Photographs for EAMES DESIGN CATALOG section, p. 250-311 :
Toshinobu Shimomoto, Stefano Massei, Yasuhiro Hamasaki

All other images:
©2001 Lucia Eames dba Eames Office (www.eamesoffice.com)
Photograph by: Andrew Neuhart (p.059 l, 060), Michael Freeman (p.102B), Tim Street Porter (p.102C, 103).
All others by Eames Office

イームズ・デザイン展

展覧会

東京都美術館　2001年8月10日～9月30日
主催　東京都美術館、読売新聞社

サントリーミュージアム［天保山］　2001年11月23日～2002年1月27日
主催　サントリーミュージアム［天保山］、読売新聞大阪本社

特別後援
イームズ・オフィス

後援
アメリカ大使館
（社）日本建築学会
（社）日本建築家協会
（社）日本グラフィックデザイナー協会
（社）日本インテリアデザイナー協会
（社）日本インダストリアルデザイナー協会
（社）日本ディスプレイデザイン協会
日本デザイン学会
（財）国際デザイン交流協会

協賛・協力
ハーマンミラージャパン
インターオフィス
日本アイ・ビー・エム
資生堂
ビームス
ソフ
日本航空

企画　アプトインターナショナル
構成監修　高松孝明（マイスター）、スティーヴン・カベラ（モダン・アイ）
展示デザイン　武松幸治＋E.P.A.
グラフィック・デザイン　グルーヴィジョンズ
テキスト　太田佳代子
テクニカルチーム　中原慎一郎、斉藤明子、土田貴宏（テキスト）

コンセプト・ブック**

編集・制作　アプトインターナショナル／泉川真紀
執筆・編集協力　太田佳代子
デザイン　グルーヴィジョンズ
発行　アプトインターナショナル
東京都港区南青山1-26-4 六本木ダイヤビル
Tel: 03-3401-0034 Fax: 03-3478-0972
e-mail: apt@apt.co.jp　http://www.apt.co.jp

©2001-2002 APT International Inc.
Printed in Japan
ISBN 4-901357-34-4 C3070

EAMES DESIGN Charles and Ray EAMES

Exhibition

Tokyo Metropolitan Art Museum / August 10, 2001—September 30, 2001
Organizers Tokyo Metropolitan Art Museum, The Yomiuri Shimbun

Suntory Museum, Osaka / November 23, 2001—January 27, 2002
Organizers Suntory Museum, Osaka; The Yomiuri Shimbun, Osaka

Specially supported by
Eames Office

Patronized by
Embassy of the United States of America
Architectural Institute of Japan
The Japan Institute of Architects
Japan Graphic Designers Association Inc.
Japan Interior Designers' Association
Japan Industrial Designers' Association
Japan Display Design Association
Japanese Society for the Science of Design
Japan Design Foundation

Sponsored by
Herman Miller Japan Ltd.
inter office ltd.
IBM Japan, Ltd.
Shiseido Co., LTD
BEAMS CO., LTD.
SOPH. co., ltd.
Japan Airlines

Planned by APT International
Co-planned by Takaaki Kosaka (MEISTER),
Steven Cabella (The Modern-i, eamescollector.com)
Exhibition design Yukiharu Takematsu + E.P.A.
Graphic design groovisions
Text Kayoko Ota
Technical support Shin'ichiro Nakahara, Akiko Saito,
Takahiro Tsuchida (text)

Concept Book**

Edited by Maki Izumikawa, APT International
Texts and co-edited by Kayoko Ota
Designed by groovisions
Published by APT International
Roppongi-DIA Bldg., 1-26-4 Minami-Aoyama,
Minato-ku, Tokyo 107-0062, Japan
Tel: +81-3-3401-0034 Fax: +81-3-3478-0972

"Eames Office",
Powers of Ten
and the starburst logo are
trademarks of Eames Office;
www.eamesoffice.com

The concept book
presented by
BEAMS